デンマーク紹介

オーフス市の「オールドタウン」

デンマークの顔「風車」

菜の花畑

コペンハーゲン市庁舎横のアンデルセンの銅像

「学校大好き」、生徒と教員

ランチタイムは大好きなお話の時間

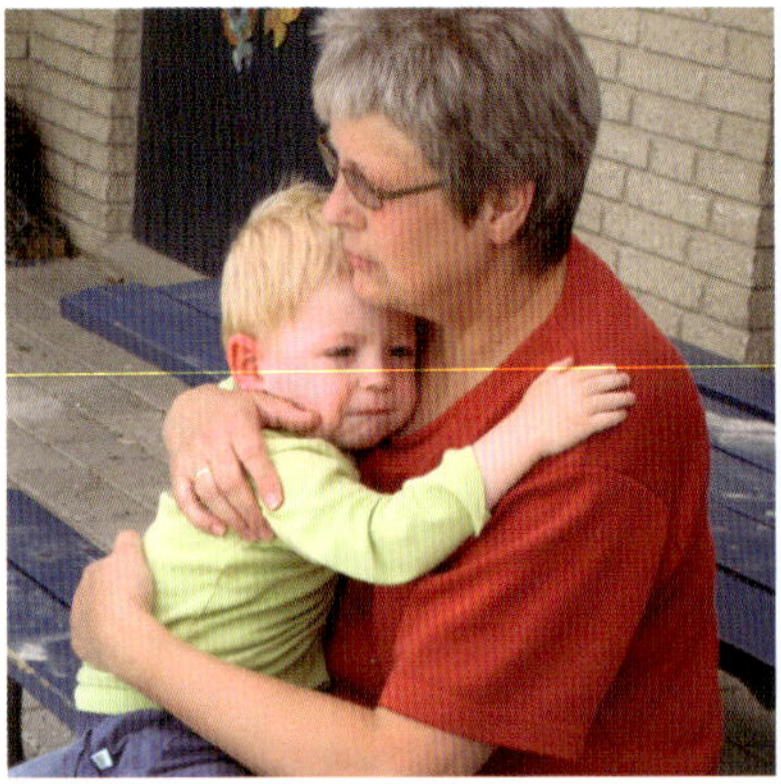

悲しいときの特効薬
「だっこ」

大きな木の下でひと休み。
保育園の散歩

車いすも街に出る

自転車道路で安心運転

人にやさしい社会

「今、産休中、これから妹を訪ねるの」と乳母車を電車に

押さえる役目と切る役目、祖父と孫の共同作業

仲よし世代間

一緒に住んでいないけど
頻繁に会う。娘と孫たち

両手に孫

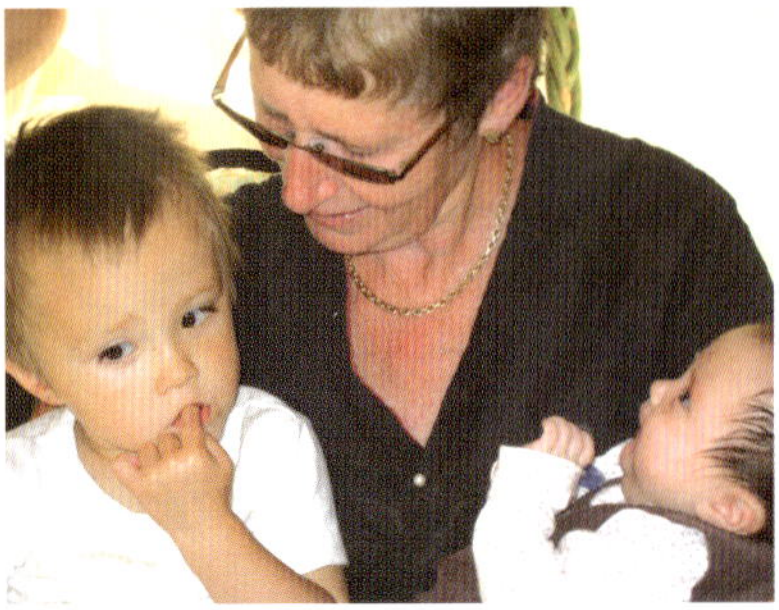

まだおじいちゃんに守られて

自立のパートナー補助器具

働く人の姿勢を
配慮した作業台

杖にもいろいろな種類がある

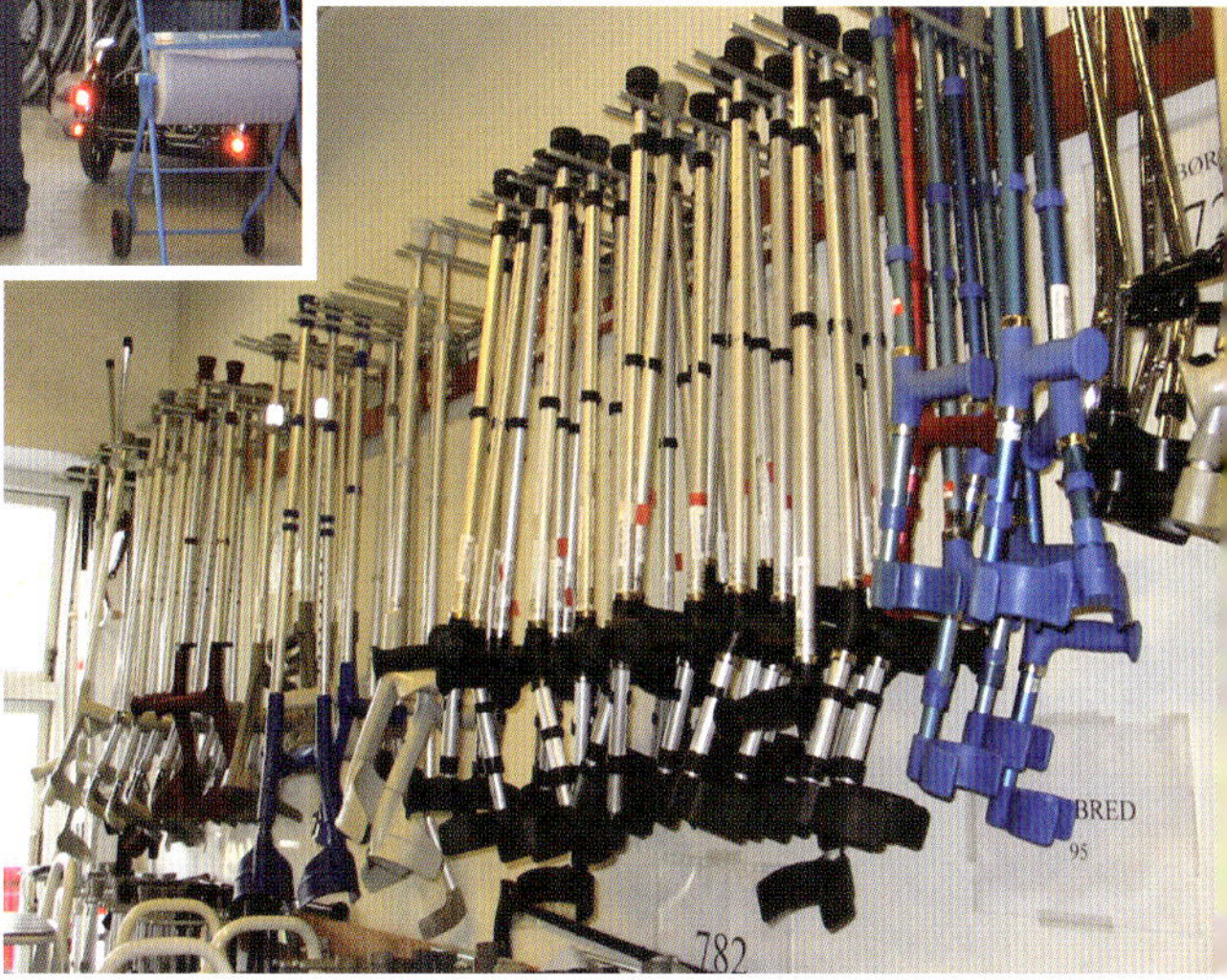

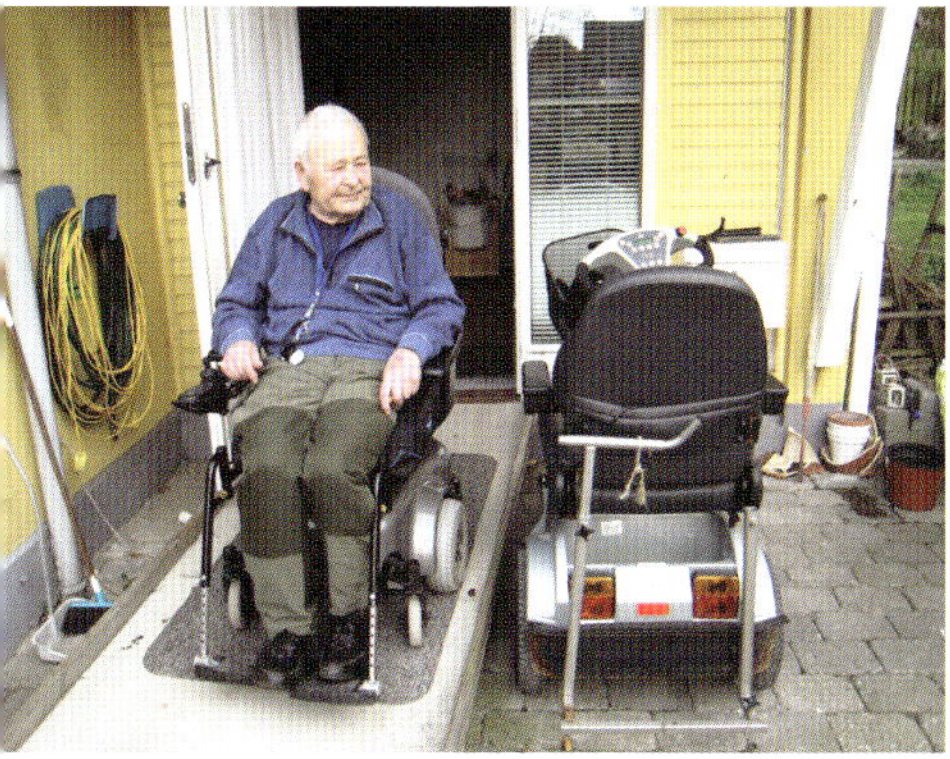

室内用と外出用の車いす。
スロープの取りつけも補助器具センターの提供

スタンダードな車いすも専門家が
利用者にあわせて調整する

共同施設、スリーカンテンで楽しい談話

高齢者住宅の庭先

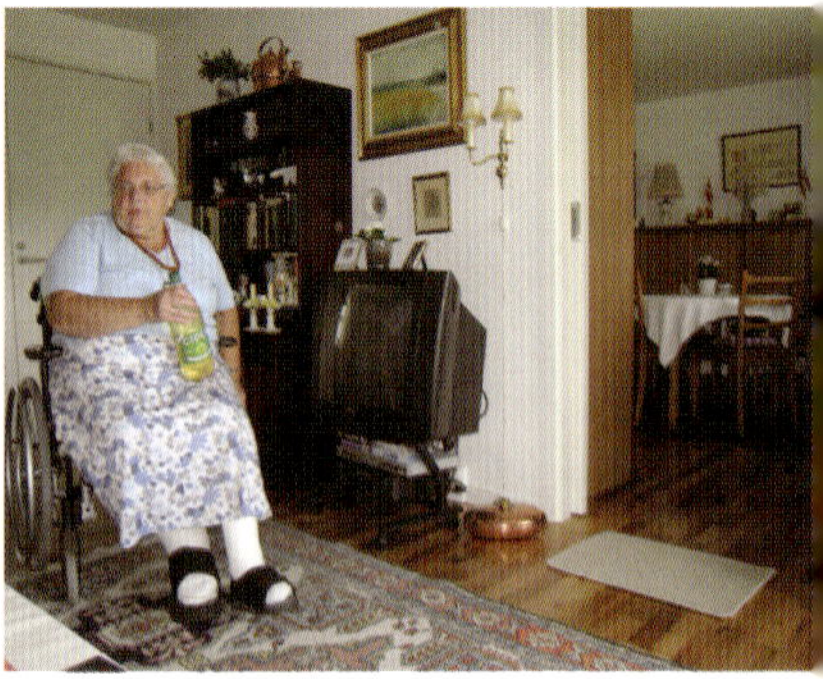

室内はバリアフリー。奥はベッドルーム

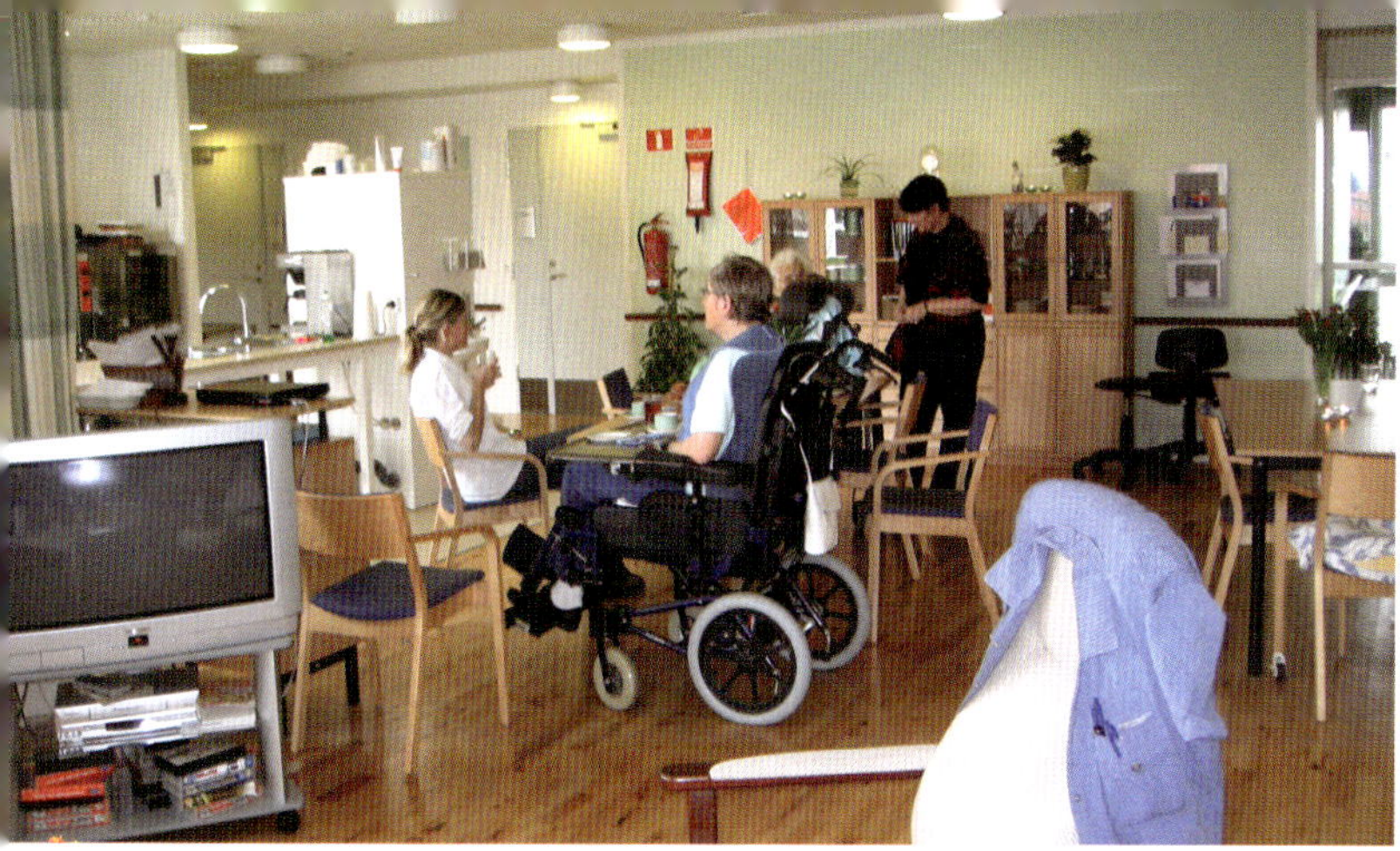

共同のリビングでスタッフと一緒に

介護住宅に住む

居間にはなじみの家具

日本の扇子が目印、
義母インガのアパート

ケアスタッフと車いすが
入れる広さのバスルーム

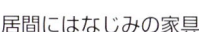

プライエム入居者
トーヴェを訪問する嫁と
孫娘

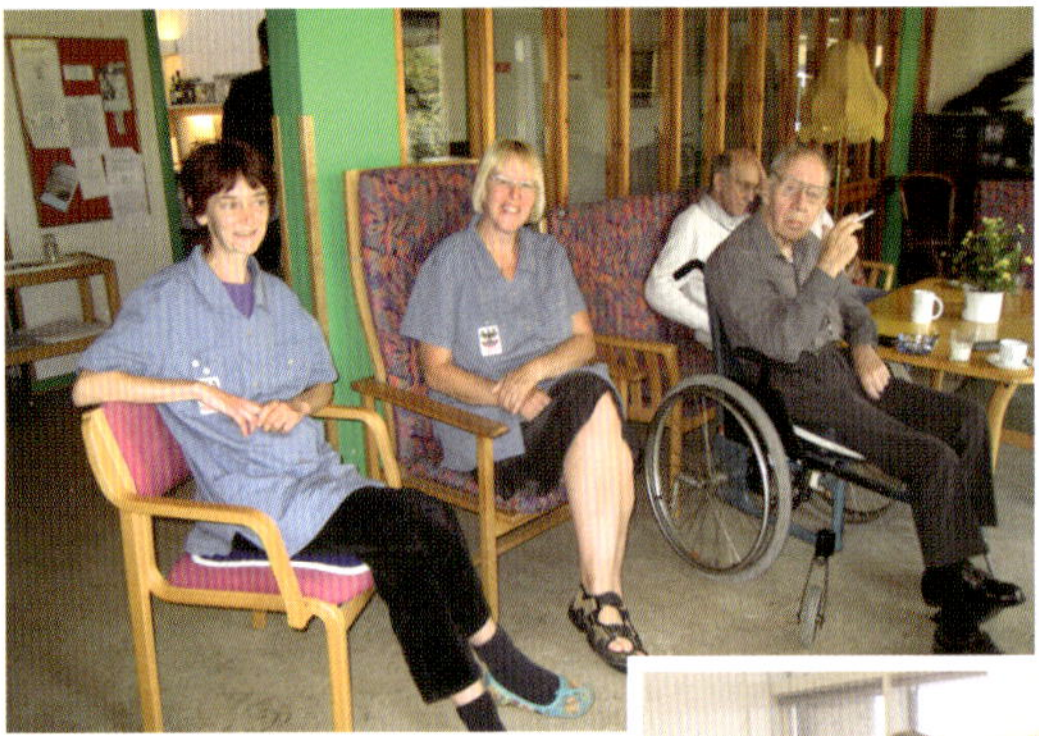

プライエム入居者と
雑談するケアワーカー

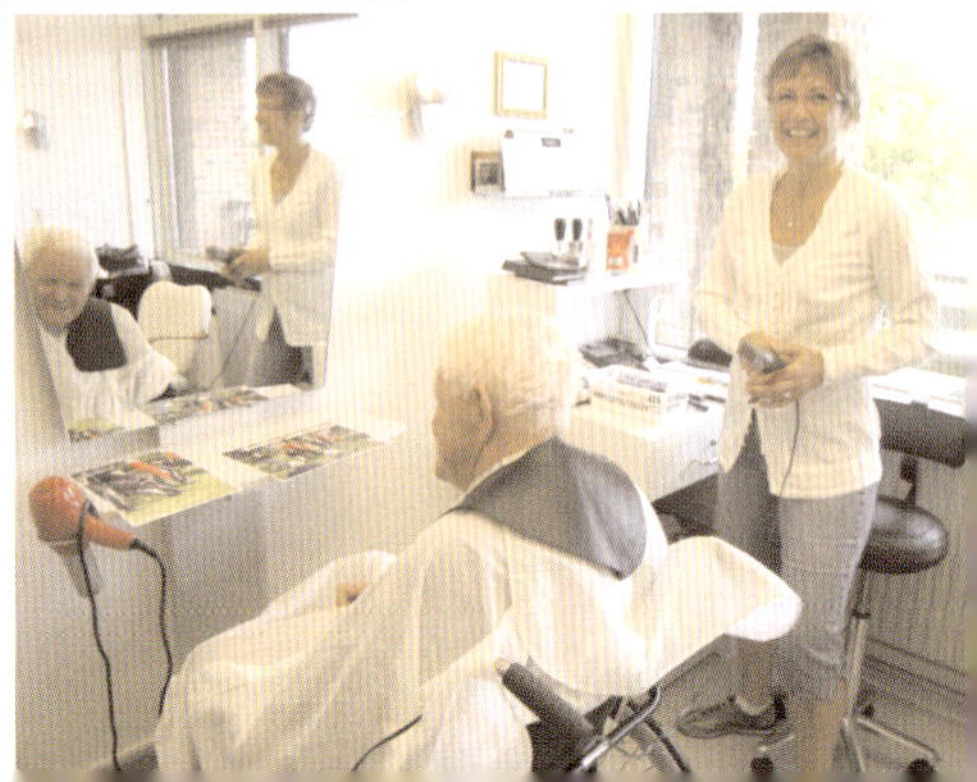

いつまでも若く美しく、
プライエム内の美容室で

デンマークの高齢者が世界一幸せなわけ

Sawado Natsuyo Brandt
澤渡夏代ブラント 著

大月書店

※本書では、為替レートを一クローネ＝一三円で換算して記述しています。

はじめに

まだまだ「若い」と思っていた私も、二〇〇六年八月で、ついに六〇歳になってしまいました。六〇歳は日本流にいえば「還暦」ですが、私にはどうもこの二文字が受け入れにくく、どうにかこの言葉を聞かずにすむよう祈っていました。が、なぜか私の誕生日を覚えている人が多く、しきりに「還暦ですね」と強調されます。そんな私に心ある友人は「今どきの還暦とは五〇歳を指すのですか」などととぼけてくれました。六〇歳という節目の年を迎え、「デンマーク生活も四〇年近くになったのか」と感慨に浸っていると、その日本の友人が今度は「デンマークに住んでいれば老後の心配はないわね」とうらやましそうに、そして自分の不安からか、ちょっぴりさびしそうに言いました。友人がいう「老後の心配」とは、退職後の経済的な問題や、加齢とともに身近になる介護・看護問題を念頭に置いてのことだろうと思います。

私は日本国籍で、自営業でありながら、デンマーク人と同等に「フォルケペンション」と呼ばれる老齢年金を受けることができ、また医療や介護援助も無料で受けることができます。確かに、経済的にも身体的にも心配することは何もありません。問題があるとしたら、いかに現在の自分の生活レベルを保持して高齢期を送るか、というプラスアルファの経済力と、「高齢期を生きる意味」をどこに求めるか、という精神的な課題だと思います。このような課題は多くのデンマーク人に共通していることですが、しかし、こればかりはそれぞれの過去の生き方によって、個人差がでてきます。

つい最近まで他人事だと思っていた「老いの準備」ということが急に私自身に身近に迫ったとき、日本でしきりに「団塊の世代」という言葉を聞くようになりました。この世代は昭和二二年から二四年（一九四七年～一九四九年）生まれの人たちのことを指し、なんとその人口は七〇〇万人といいます。それは、デンマークの総人口五四〇万人をはるかに上回る巨大なパワーではありませんか。

団塊の世代の定年が二〇〇七年から始まるということで「二〇〇七年問題」と称され、メディアも「団塊の世代」の退職後の人生を心配してか、「ボランティア活動に生きがいを見つける方法」「地域に貢献する方法」など、テレビ番組や新聞・雑誌の記事でさかんに定年後の人生の歩み方を教授しているようです。こんなに騒がれると、何かに着手しなくては世のなかから置いてきぼりにされそうな気分になります。

定年を迎えた夫婦のあり方も、「熟年離婚」などという言葉が生まれるほど大きく変化しているようです。聞くところによると、毎日朝早くに出勤し、夜中に帰宅していた夫が、定年後には

「始終家にいる」ことに困惑する妻が結構多いということや、退職金で自分用のマンションを買い、ウイークデイは出勤の代わりにマンションにいるという夫婦関係が現実に増え始めていると聞き、驚かされます。

そんな日本の状況に少々唖然としながら、私自身の周囲に目を向けてみると、「幸福度世界一」と発表された（二〇〇五年、オランダ・エラスムス大学調査報告）デンマークのシニアの姿が目に浮かびます。彼らは男女共に高等教育を受けた世代であり、女性も男性と同等に仕事をし、自立した考え方をもっている世代です。退職レセプションに招かれる回数も増し、ワインや花束などのお祝いを持ってレセプションに参加してみると、そこには「仕事を成し遂げた満足感」と「退職後の人生への期待」をもった主人公の顔があります。多くの人は「さあ、第三の人生をどう楽しもうか」と可能性がいっぱいのこれからの人生に大きな希望を抱いているようです。

彼らは私とほぼ同じ時期に家庭をもち、子どもを育て、また仕事をしてきた人たちです。そして、多かれ少なかれ一九六〇年代の後半に起きた、男女平等運動や自由解放運動などの社会運動に影響されながら歳を重ねてきた人々です。多くの人は定年後の一〇年〜一五年間は、就労中にはできなかったことを好きな時間に好きなだけできるよろこびを味わっているようです。デンマークが一七九カ国中で「幸福度世界一」に挙げられたのは、「自分らしく生活する」社会基盤と、確立された社会保障が背景にあっての結果だと思います。

デンマークは「福祉の豊かな国」として世界的にもよく知られています。ともすれば「デンマーク人は福祉サービスの恩恵に依存した生活をしている」という印象を与えがちですが、実は「できるかぎり自分の生活は自分で」と人に依存することを好まず、子どもが巣立った後は夫婦だけの生活をエンジョイし、配偶者が欠けても子どもと同居することなく「自分らしい生活」を送っています。それがこの国の人々の「ライフクオリティー」であり、「生きる意味」でもあります。

しかし、老いは好むと好まざるとにかかわらず、誰にでもやってきます。元気に暮らしていても、加齢や突然の病で日常の生活が困難になり、介護や看護の必要性が身近に迫った場合はどうするのでしょうか。

日本からときおり、「介護疲れ」という何ともせつない話が聞こえてきます。そして世間では、年老いた夫が寝たきりの妻を介護する「老老介護」を「愛情物語」として美化しているようにも思います。それは一面老夫婦の心に、「看てやる」「看てもらった」という満足感をもたらすものかも知れません。しかし、それが長期にわたった場合、健康であった介護者も介護が必要になってしまう事態を招きかねません。

デンマークでは、財力や家族構成にかかわりなく「必要な人に、必要なとき、必要なだけ」平等に専門家の援助を受けられる保障があります。高齢者介護・看護の主流は在宅ケアで「介護疲れ」とは無縁です。また、障害に対しては自立を助けるさまざまな福祉器具が無料で提供され、障害をもっても「自分らしい生活」を継続することができます。デンマークのすべての政策は、

「人としての権利」を中心として確立されてきました。

私は、この四〇年間「日本に帰国し、デンマークに戻る」という生活を送り、日本とデンマークの時代の変化を仕事や生活を通して観てきました。そこで私なりに解釈すると、デンマークが「幸福度世界一」だといわれるその背景には、女性たちが、若者たちが、また労働者たちが、それぞれ「自分が住みたい社会」づくりに声をあげ、貢献してきた努力の積み重ねがあったと思うのです。

日本が大量退職者の時代を迎えている今、デンマークの同世代のシニアがどのような時代をくぐり抜け、今後どのような姿勢で生きていくのかを、考え伝えることで少しでも日本の社会政策に役立ち、また私と同年輩の人々が「高齢期を送る意味」を考える際の参考になればという思いで本書をしたためました。

私たちは今、医療の著しい発達やライフスタイルの改善で、先祖もうらやむような長寿社会を勝ち取りました。デンマークではよく「歳を取るために生きるのではなく、生きるために歳をとる」といわれます。いままでつちかってきた過去を尊重しながら、これからの高齢期の人生もいきいきと生きぬきたいものです。

■デンマークのプロフィール（二〇〇八年）

一、国土　デンマーク本土の面積は約四・三万平方キロメートルで九州とほぼ同じ面積。本土のほかに、自治領のフェロー諸島と世界最大の島グリーンランドがあります。地形は「パンケーキの国」と呼ばれるように全体が平らで、国内で一番高い場所は一七八・八六メートルのミューラホイ（Møllerhøj）、また、デンマーク人が天山・ヒメルビヤウ（Himmelberget）と呼んで親しんでいる山は一四七メートルしかありません。

二、人口　約五四五万人（二〇〇七年デンマーク統計局）

三、首都　コペンハーゲン　København（デンマーク語表記）
Copenhagen（英語表記）
コペンハーゲン市の人口は約五〇万人、首都圏地域は一六四万人

四、言語　デンマーク語（一般的に英語は堪能《かんのう》）

五、宗教　一五三六年の宗教改革により福音ルーテル派が国教となり、現在は国民の八二・一％

が教徒。ただし、日曜日に礼拝に参加するのは五%弱です。

六、政体　立憲君主制

七、元首　マーグレーテ二世女王（一九七二年一月即位）

八、議会　一院制（一七九議席、任期四年）

九、政府　自由党、保守党による右派・中道連立政権
首相　アナス・フォー・ラスムセン（自由党党首）
外相　ペア・スティー・ムラー（保守党）

一〇、デンマークの国の形　社会福祉国家
一八四九年にフレデリック六世王がデンマークの最初の憲法「自由憲法」に調印。以来民主主義を基本とした社会福祉政策。
この社会福祉制度は弱者の救済のみならず、国民全員が文化的かつ安心した暮らしを保障するものです。

一一、高福祉・高負担

高度な社会福祉制度は義務と権利の法則で成り立っています。

就労者および公的給付金受給者（年金など）全員が納税者であり、税率は累進課税法で算出されます。

二〇〇八年の税率は三八・八％〜五九％

付加価値税（ＶＡＴ）二五％　※内税ですべての商品・サービスに課税される

間接税（ぜいたく税、自動車、酒、化粧品など）

一二、行政区分

五のレジオン（Region）と九八の地方自治体（Kommune）

二〇〇七年一月の行政改革施行により県が廃止され、代わりに国内が五レジオン（Region）と九八の地方自治体に区分されました。レジオンは基本的に医療・保健を管轄分野としています。県の廃止により各地方自治体はより広い範囲の行政分野を担当することになりました。

一三、労働市場

失業率　一・六％（二〇〇八年八月、デンマーク統計局）

ＧＤＰ　二七五三億ドル（二〇〇七年、世銀統計）
一人当たりのＧＤＰは五万二一一〇ドル（二〇〇七年、世銀統計）で、世界ランキングで六位
インフレーション　三・八％（二〇〇八年七月）
労働者の常勤は、週三七時間
週休完全二日制、年間五〜六週間の有給休暇
五二週の産休・育児休暇制度の完備

一四、生活面

親子の同居はほとんど無し
進んだ男女平等社会参画
　女性労働率七二・〇％
　男性労働率七八・三％（二〇〇七年統計局、一六〜六六歳）
成人年齢一八歳（選挙権、運転免許可）
公的年金受給年齢六五歳

一五、教育制度
九年間の義務教育（小中一貫教育）
義務教育の前後に○学年と一〇年生あり（任意教育）
スクールアドバイザー制度（進路指導）
教育は生きるため（教育と職業が連携）
非入試制度（進路は本人の意思と学力および教員の評価で決定）
全教育費無料

一六、高齢者事情
六五歳以上の人口は八三万四七〇〇人で、総人口五四五万人の一五％（二〇〇七年）
一〇〇歳以上の人口は七一五人、その内女性が六二〇人。一〇五歳以上の人は二三人
八〇歳以上の七七％が自宅居住、二三％が介護付き住宅
高齢者政策にＧＮＰの一一・一％（二〇〇四年）

一七、近年の国政選挙投票率
一九九八年三月一一日　八六％
二〇〇一年一一月二〇日　八七・二％

二〇〇五年二月八日　八四・五％
二〇〇七年一一月一三日　八六％

一八、デンマーク在住の日本人の人数
女性六九三名、男性三六二名　　合計一〇五五名（二〇〇七年デンマーク統計局）

一九、平均家庭
二〇〇八年の Mr. & Ms. デンマーク平均さんを紹介いたします。
名前はMs. Anne & Jens Jensen といい、アンナが三二歳のときに二歳年上のイエンスと結婚。
アンナは二九歳で長女ソフィー（Sofie）を出産。
アンナとイエンスは一・九人の親で、一家は一〇〇～一五九㎡の一軒家と車一台を所有。
年間可処分所得　イエンス一八万三五〇〇ｋｒ（約四二二万円）。
　　　　　　　　アンナ　一四万九四〇〇ｋｒ（約三四四万円）。
イエンスは七六歳まで生き、アンナは八〇歳まで生きる予定です。
（デンマーク統計局二〇〇八年）

デンマークの高齢者が世界一幸せなわけ—目次

1章
老いと退職を迎えて

一、クオリティー・オブ・ライフ

日本で「クオリティー・オブ・ライフ（ＱＯＬ）」という言葉を聞くようになってからずいぶんになります。しかし、言葉の意味をはっきりと把握しないまま何となく知っている人も多いのではないでしょうか。『広辞苑』によれば、「生活を物質的な面から量的にとらえるのではなく、個人の生きがいや精神的な豊かさを重視して質的に把握しようとする考え方。生活の質。医療や福祉の分野でいう」と記されています。私自身も長いあいだ「生活の質？　どういう意味なの？」と、うやむやな気持ちでいました。ところが一〇年以上前のある日、デンマークのテレビ対談番組で心理学者がＱＯＬについて「自分の人生を自分で決めることであり、自分らしく生きること」で、それは「デンマークの大事な価値観」だと話していたのを聞き、私の心のなかの霧が突然晴れたのを記憶しています。「そうだ、デンマークではかなりの範囲で自分の人生を決めることができる。だから自分らしく生きることができる」と、今まで何となく触れていたデンマークの社会観を、はっきりとデンマークの価値観として認識することができました。

私はデンマークに住んでいると、日本からの来客によく「デンマークは住みやすい国ですか」とたずねられます。私はその質問に対して、「冬の寒さを除けば住みやすい国です」と答えています。そして、その理由として「私らしく生活することができること」をあげています。これは決して個々人が「自分勝手」や「自己中心的」ということではありません。すべての社会政策が「人」を中心にして生まれ、実施されているからなのです。人々は周囲とのバランスを読み取りながら、人生における多種多様な選択肢を「自分で考え、決定」していきます。

ＱＯＬは、医療や福祉分野のみならず、個々の人生や生活の考え方の基盤となっており、反対に「自分の意思以外で物事が決定されること」を好みません。

デンマーク人に「老いては子に従え」などという言葉は、決して当てはまりません。世代のちがいをお互いに尊重しつつ、個々の人生観を貫いていくのです。

●若いつもり

「ねえ、聞いてくれる？　今日鏡を見たら目じりのしわがはっきり見えてびっくりよ。もうすっかり年寄りでがっかりしたわ」と知り合いの日本女性から電話がありました。彼女は今年で七九歳になりますが、昔から外出時には洋服のコーディネイトやヘアーセットに数時間をかけるような細部にわたっておしゃれに気を配る女性です。電話口の口調は深いしわを発見したことがかなりショックだったらしく、急に「年寄り」に引き込まれて気分が滅入っていたようです。私は、心のなかで「あら、あら、今さら？」という気持ちがありましたが、「でも、七〇歳を過ぎてしわがないほうが不思議じゃないですか」とさりげなく受け答えて、「他の同年輩の人よりしわが全然すくないですよ」と伝えるとたいそうよろこんでくれました。いくつになっても若くありたい、いくつになっても自分を「年寄り」だと思っていないのが当の本人たちです。

私も、孫と連れ立って散歩をしていたとき、たまたま行き合った人から孫に「ママとお散歩でいいわね」といわれ、「エッ！　ママって私のこと?」と一瞬、舞い上がりたい気分でしたが、孫が素直に「ママじゃないよ。おばあちゃん」と正確な情報を提供して現実にひきもどされました。それでも散歩から帰って、「ママにまちがえられた。これで二度目」と夫や息子にニタリと笑みを浮かべて話すと、「その人は目が悪いのでしょう」と、得意気な私に冷や水をかけるような言葉をあびせてくるのです。

私たちは、「肌に潤いを」という宣伝文句を素直に受け入れて、デイ・ナイト用の二種類のクリームをぬり、その上、「目の小じわ防止」のクリームがあると聞けば買い求め、効果を信じて若さを保つ努力をしてきても、肌の後退は押し寄せる年齢には勝てないようです。

日本人がヨーロッパ人の年齢をあてるのは難しいのと同様に、ヨーロッパ人が日本人の年齢を当てるのも難しいと言われ、とくに日本人は一般的に年齢より若く見られがちです。「年齢より若くみえる」「年齢より歳とってみえる」のは、その国の国民性とまんざら無関係でもないようです。若い頃に「肌の手入れ」情報に出会っていたか、「他人の目を気にする」文化なのか、そして労働条件や気象状況なども、時を経て外見の「老い」に影響してくるのかも知れません。

たとえば、デンマークの熟年女性には年齢に比べて結構しわの多い人がたくさんいます。それもそのはず、彼女たちは若い頃、小麦色の肌に魅力を感じて、時間の許す限り太陽に顔を向け、日光浴にいそしんでいた世代だからです。そして、当時のデンマークではテレビコマーシャルもなく化粧品に関する情報が少なかったこともあり、とうとう、そのつけが深いしわとなって熟年期に現れているようです。

●シニア世代の準備

肌が潤いをなくし、しわが増え、血圧の薬や老眼鏡が生活のパートナーとなっても「私」に変わりはなく、生活は継続されていきます。私たちに大切なことは、外見の老いにひるむことなく、「いかに自分らしく生きていけるか（ＱＯＬ）」ということではないでしょうか。熟年期に達した今、自分の過去を振り返り、今をどのように生き、これからどのような形で配偶者、家族、社会とかかわって生きていくのか、少し立ち止まってもう一度考えることは「生きる意味」を実感する大事なことかも知れません。

少なくともデンマークの人たちは男女とも教育のなかで生きる目的を知り、目的に沿った教育を受け、教育に沿った仕事を得て、四〇年間あまり仕事にかかわります。人々は、かなり早いステージで自分の人生設計を描きますが、往々にしてデンマークではこの人生設計を三段階に分けて考えます。まず、「第一の人生」を就職前の人間形成・教育期とすると、「第二の人生」は、受けた教育を基に就職して働く時期をいい、退職後の人生を「第三の人生」と位置づけています。

五〇歳代になり、それらの結果がある程度目の前に見えてくると、退職後の人生を考え始めます。現在のデンマークでの公的年金受給年齢は六五歳ですが、いつ退職し、いつから年金受給者になるのかは個人の選択に任されています。デンマーク人が退職時期を決めるのは、退職後の経済力と大いに関係しており、今までの自分の生活レベルやクオリティーを保持することができることを確認して退職に至ります。

年金制度については、巻末にくわしく記述してありますが、六五歳の公的年金受給年齢に達する以前の六〇歳から六四歳の人を対象にした準給与制度（Efterløn）を利用して、早めに退職する人もいます。この制度は、一九七〇年代の後半に若者の失業が深刻になり、その対策として、約三〇年前（一九七八年）に導入されたものです。表向きは「若者に仕事を、シニアは早めに退職して豊かな高齢期を」ということで導入され、六五歳で公的国民年金受給対象者になるまで受け取ることができる制度です。

この制度は職人を含む身体的労働者が組織する労働組合が、当時の政府に呼びかけて法整備につながったものです。当時、デンマークでは比較的大きな規模の労働組合で約三〇万人の会員数だった特殊労働者組合が、一九七四年に労働者の健康調査をしたところ、会員の一四％が六七歳（注1）の定年を待たずに、身体的障害をもち退職する、または亡くなっていることが報告されたようです。労働組合はその報告を重く受け止め、身体的重労働にかかわっている会員が早めに退職し、高齢期を楽しむことができるように政府に圧力をかけ、その結果生れた制度です。この制度は、後に、他の労働組合にも広まり、熟年労働者に歓迎され、現在一五万人が六五歳を待たずに六〇歳あるいは六二歳で早期退職に至っています。

退職時期の問題は男性だけではありません。デンマークの一六歳から六六歳の女性労働率は七二％（二〇〇六年、統計局）と、世界的にも高い水準で、多くの女性が仕事についています。女性も男性と同じレベルで「さあ、何歳で退職することが可能か」と、経済的な問題を含めてシニア世代の人生設計を始めます。

（注1）一九九八年年金受給年齢が改正され、一九三九年六月三〇日以前に誕生した人は六七歳より受給。一九三九年七月一日以降に誕生した人は六五歳から受給

●シニアセミナー

私の夫ビヨワーは、ある飛行機会社のエンジニアとして三五年間勤務しましたが、五年前に退職し、現在では勤務時代にできなかったことを好きな時間にできる醍醐味を味わっています。彼は、五〇歳の後半ごろから退職後の経済的な見通しを考え始めていました。

そんなある日、勤めから帰宅した夫から「会社のシニアセミナーに夫婦で招待されたけれど、どうする？」とたずねられました。「シニアセミナーってなに？」と初めて耳にする言葉に戸惑いながらも話を聞いてみると、社内の「高齢者政策部」がスポンサーで、企業年金（労働市場年金―積み立て方式で労使負担、拠出額は収入の四％を労働者が、一一％を使用者側が負担）を請

け負っている保険会社が、数年後の退職予定者を対象に初めて開く心身準備セミナーへの誘いでした。

　夫から「どうする？」と聞かれても、私はまず夫の職場を知らないし、なぜ夫婦で招待されるのか、その意味も理解できずに即答はできませんでした。また、当時五〇歳に到達したばかりでまだ仕事が楽しい時期だったこともあり、反射的に「シニア講座？　私はまだいい」と思いました。しかしパンフレットを見ているうちに、「由緒ある館での一泊二日」という文面と写真に気持ちが傾き、同時に大きな好奇心と少々の現実感が折り重なって「参加してみましょう」ということになりました。

　当日の集合は現地に朝八時。それなら余裕をみて我が家を六時半に出発しなくてはなりません。「何でこんなに早いのだ」と少々不服まじりで出発しましたが、到着すると、そこには歴史を感じさせるレンガづくりの「旧領主の館」の趣と、整備された美しい庭が広がり、もうそれだけでも来た甲斐があったと満足感さえ感じてしまいました。館は一八〇〇年代に建築されたようですが、現在はキャッスルホテルとして一般客の宿泊や団体のセミナー会場として使われています。

参加したのは一二組の夫婦と単身二名で、計二六名が集まりました。チェックインが終わり、宿泊する部屋も決まって、「さあ、はじまり」とセミナー会場に入れば、それぞれ勤務部署はちがっても同じ会社の同僚ということもあり、和やかな顔合わせで、リゾート気分のスタートとなりました。

会場には、机がコの字型に並べられていて、参加者は、その上に置いてあるそれぞれの大きな名札の前にすわります。会社の「高齢者政策部」担当者と講師が中央に陣取り、彼らのあいさつから口火が切られました。

少々リゾート気分でいた私たちは、ぎっしり組まれた二日間の日程が紹介され、机の上に準備されている厚さ七センチの資料ファイルをめくるうちに、遊び気分は吹っ飛び、かなり真面目に対処しなければと、誰もが心構えを新たにしたようです。

講師は年金アドバイザー、ソーシャルカウンセラー、心理医、法律カウンセラー、栄養士などの専門家が揃い、内容は退職後の財政問題として企業年金と公的年金の説明・退職後の精神的変化と転換・遺産相続と遺言、健康対策として体操の手ほどき・健康と栄養、そして個別年金相談と、あらゆる角度からプログラムが構成されていました。

セミナーの後半、参加者は三グループに分れて、それぞれ退職後の「第三の人生設計」を討論し、発表することになりました。仕事を退職した自分はどのように生き、どんな問題に遭遇するか、またどういう時間の使い方をしたらいいのかなどを三〇分あまり自由に討論し、最終的にグループの意見としてまとめ上げました。その後、それぞれ三グループが発表しましたが、共通する意見としては、「教養、趣味、旅行活動に積極的でいること」、住宅問題として「庭付きからマンションへ住居を縮小すること」、再婚組や同棲が多い国柄か、「法的な遺言状の用意」などが挙げられました。なかでも「夫婦生活を継続するか、離婚するのかを見直してみる」という意見に対して、「的を射ている」と評価されたのはとても新鮮でした。

私は参加してみて、夫の退職が私の問題でもあることに納得し、夫婦で参加する意味が理解できました。そして、グループワークや発表に対して女性も男性と同等に活発に意見を出し、真剣に問題提起に対処している姿は、さすが自分の人生設計をもっている国民性だと改めて感心させられました。

ここでは退職後の人生を、「余生」などと思っている人は誰もいません。「第三の人生」をいかに活動的で価値あるものにしていくのか、大いに前向きに考えています。解散時にセミナーの資料がまとめられた分厚いファイルを受け取り、「賢く歳をとるのも楽ではない」と実感した反面、人生の節目で自分と、また夫と真剣に向き合うことが男女の「老いの準備」の第一歩かも知れないと感じながら帰路につきました。

二、老いを知る

●同居はノーサンキュー
私が日本からの客に「長男は結婚して二人の子どもがいます」と話すと、多くの人は私たちが長男家族と同居していると錯覚しがちです。長男家族四人は、私たちの家から約七キロ、車で一〇分弱の「スープの冷めない距離」に住んでいます。私たちのように結婚した子ども家族と生活しないのはデンマークではごく一般的なスタイルで、逆に複数の世代が同じ屋根の下に生活している家族を探すのは至難の業です。私たちの家の広さは約一五〇㎡の居住面積で、物理的には息子家族と私たち、計六人が十分生活できるスペースです。しかし、今も将来も同居するつもりはまったくありません。これはほとんどのデンマーク人に共通している考え方で、若い世代が「同居を拒否」するのでも、またシニア世代に「拒否されている」のでもなく、お互いに独立して生活することが自然であるという、相互尊重の意識を共有しているのです。

デンマークの核家族化は、一九六〇年代の産業の急速な発展とともに進んできました。農業が中心であった一九六〇年以前は、現在のように高齢者が自立して生活できる手段が社会的に確立されていなかったので、農家は成人した子どもとともに農業を営み、親が歳をとれば息子が農業を継ぎ、年寄り夫婦は敷地内の家作に隠居していました。このように、経済面を含む生活の援助を息子に依存した生活がまだ残っていました。また、農業を営まない家庭でも、成人した子ども、または子ども夫婦が経済的な理由で親元の家の一室に同居することもめずらしいことではありませんでした。

しかし、第二次世界大戦後、少しずつ発展してきた工業化がヨーロッパ自由貿易連合（EFTA）加盟や、現在のEUの前身であるヨーロッパ経済共同体（EEC）の発足という時代の波にのって、一九六四年に初めてデンマークの工業輸出が農業輸出を追い越し、農業国から工業国へと変化していきました。同時にそれまで家庭にいて、家事や育児を担っていた女性の社会参加が増加し、社会システムの変化が求められたことも家族形態の変化につながっています。

　そういえば、私がデンマークに来て間もない四〇年も前のこと、七〇歳の後半でアパートに一人暮らしをしていた夫の祖母アグネスに「将来は同居しましょう」と、まだつたなかった私のデンマーク語で精一杯、将来設計を話したのを思い出します。当時の私はまだ日本的な考えがしみ込んでいて、「年寄りの一人暮らし？　かわいそう！」という夫の祖母を思っての提案でした。アグネスは一八九一年の生まれで一九八二年に九一歳で亡くなりましたが、童話に描かれているような「やさしいお婆ちゃん」そのもので、でっぷりとした体格と、微笑み、そしてやさしい口調で話す人柄は家族みんなに愛されていました。

　私はまだデンマーク語が乏しく、アグネスは英語を話せませんでしたが、家族で仕事についていないのは私たち二人だけです。アグネスは私が一人でさびしくしているのではないか、とよくランチに誘ってくれました。「将来同居する」という私の提案に対して、アグネスは微笑みながら「私には私の生活があって、あなたたちにはあなたたちの生活があるでしょう」と私をさとすように答えました。そのアグネスの答えは長年デンマークに暮らしてきた今の私には十分理解できます。それにしても、生きていれば一一七歳になるアグネスが、当時からすでに「自分の生活は自分で」という自立した考え方であったことは、日本との生活文化のちがいを感じさせられました。たとえ親子であっても「私はあなたではない」し、また「あなたは私ではない」のですから、考えていることが平行線だったり、また逆だったりすることは大いにあります。お互いの考えを洞察しつつ、また遠慮しつつ同居生活することは個人志向が強いデンマーク人にとっては至難の業なのです。

それでもデンマークにも同じ屋根の下に複数の世代で住んでいるケースがないわけでもありません。デンマーク統計局は（二〇〇五年一月）、一万五〇〇〇人の子ども（一八歳以下）が両親および祖父母の三世代で同じ屋根の下に住んでいる、という数字を発表しています。この数字は両親と住む一八歳以下の子ども全体の一％に値します。他の角度から数字をみてみると、八六六四名の子どもが両親と住み、その四分の一を移民者または移民二世が占めています。しかし、既婚または同棲のカップルが自分の両親と同居しているのは三四名（一七カップル）に留まっています。

私たちは同居こそしていませんが、息子夫婦と電話ではほぼ毎日話しているし、最低週に一～二回は食事をともにする生活があり、孫の成長にもきめ細かくフォローすることができます。

●あたりまえの世代間交流

なにやらこの数年、日本の研究者たちの間で「世代間交流」の研究がさかんのようです。学者たちは、最近の日本の子どもが高齢者を知らず、また高齢者は子どもとの接点が乏しく、お互いに与え合う恵みが少ないことに危機感を感じており、子どもと高齢者を交流させることによって、双方が精神的に豊かになるのではないか、という視点での研究のようです。とくにこの傾向は日本の都市部で多くみられ、同じビルのなかに高齢者が集まるデイセンターと保育園が運営されている所や、ひとつの建物を高齢者と子どもの半々でアクティビティーセンターとして利用しているケースができ始めているそうです。

確かに複数の世代が交流することは、「人」としての相互理解や影響があり有益なことだと思います。私は、そうした研究者たちから、デンマークでの「子どもの高齢者施設訪問」や「保育園と高齢者のデイセンターがある複合施設」などの取り組みを知りたいとの問い合わせを昨年(二〇〇七年)だけでも数件受けました。福祉の豊かなデンマークならきっと日本にも参考になるプロジェクトがたくさんあるのだろう、と思っているようです。

しかし、これらの照会に私は「ほとんどありません」と答えています。一見、デンマークは、個人志向の強い国で、複数の世代の同居も少ない国と聞くと、何か冷たい雰囲気が感じられるかもしれません。しかし、子どもが結婚前に親の巣から飛び立っても、また、二世代、三世代同居がほとんどなくとも、一般的にデンマーク人の家族関係は訪問しあったり、電話連絡をとったりと、密接な交流があります。この国では人為的に「世代間交流」をつくり上げなくとも、日常生活のなかで世代の交流が自然な形で行われています。

デンマークの家庭を訪問すると、壁やキャビネットにたくさんの家族の写真が飾られているのがみられます。最近誕生した赤ちゃんの愛らしい写真から大昔の祖父母の写真が最高の顔で額に

写真が語る家族の歴史

はいり、さながら家系図のようです。子どもや孫が描いた絵も大事にピンアップされています。絵は上手に描けたものとは限りません。〇歳の子が初めて紙にクレヨンでぐちゃぐちゃになぐり描きしたものもあります。これは、自宅だけに限らず、オフィスの机の前に妻の写真や子どもの写真がたてかけられ、子どもから贈られた絵が壁にピンアップされている光景も多く見られます。一人ひとりの写真は「あなたを家族として誇りに思っています」という心が感じられ、ピンアップされた絵はくれた子どもたちに「上手だね。もらってうれしいよ」という言葉を伝えています。

●みんなで祝う誕生日

日本人の私にとって六〇歳を過ぎても人を招待して誕生日を祝ってもらうなんて気恥ずかしいような、面倒くさいような、それでいてうれしいような複雑な気持ちですが、毎年忘れずにやってくる誕生日を周囲では私以上にとても楽しみにしています。夫や息子夫婦からさかんに「プレゼントは何が希望？」と聞かれるし、「食事はどうする？」と腕を振るった料理を期待するような口ぶりです。デンマーク人は誕生日を子どもに限らず全国津々浦々一年の大事な行事としてお祝いします。とくに一生のなかで、初めての誕生日である一歳、堅信式の一四歳、成人となる一八歳などが重要とされ、その後は三〇歳から四〇、五〇歳というようにゼロがつく歳が人生の節目として大事にされ、いつもはなかなか会えない親戚・縁者も招待して盛大に行われます。誕生日の席にはあらゆる年齢層がプレゼントを片手に集まります。プレゼントはあらかじめ本人から

「こういうものがほしい」という希望リストが送られ、贈る人は予算に見合うプレゼントを購入します。同じものをもらうことになっても、デンマークでは購入先で品物を交換することができるので、自分が必要なもの、ほしいものを受け取ることができます。

普通の誕生日は家族・親族だけでお祝いするのが慣わしで、地域的に許す限りすべての世代が集まります。一月は私の姪サンナの息子エミールの二歳の誕生日会がありました。サンナは私の夫の妹の娘で今年二八歳になります。サンナは夫の妹ドーテと一五年前に離婚したクラウスの養女として、生後三カ月で韓国からデンマークにきました。両親となったドーテとクラウスはその後、離婚してしまいましたが、サンナに対する母親、父親としての愛情は以前と少しも変わりありません。別れた夫婦は近くに住み、日常生活に大きな変化が起きない努力もおしみませんでした。誕生日やクリスマスなど家族の行事には元夫婦がそれぞれの新しいパートナーと集まり、私たち家族もいつもその輪のなかにいました。サンナは、成人となりハイレベルの教育を終了し、今はＩＴ技術者として仕事に臨み、エミールの母としてまた妻として健全な生活をしています。その姿をみていると両親の離婚によるデメリットはほとんどなかったと言っていいでしょう。

だからエミールには、父方の祖父母が二人と、母方の祖父母が二組四人います。その日、エミールの二歳の誕生日には、祖父母六人、私たち夫婦、一歳と七歳の子どもを連れた息子夫婦と、エミールの叔母、叔父にあたる若者、合計一五人がそれぞれのプレゼントを持って集合しました。私が開く誕生会は私と夫の分で今は年に二回となりましたが、子どもたちと一緒に生活していた

エミールから「プレゼントありがとう」の握手

時期は五人家族のため、年五回の誕生日会をしていました。その度に子どもの祖父母、叔父・叔母、そしていとこたち、ほぼ同じメンバーが集まり、その日の主人公を祝ってくれます。

ときおり、私は「日本のお誕生日の歌を歌って」と注文されることがあります。私の知っているのは「Happy Birthday To You」だけなので、それを口ずさむと「それは日本の歌？　英語の歌じゃない」と言われてしまいます。そう言われれば、私は日本発のお誕生日の歌を知りません。それは誕生日を祝うこと自体が海外からの移入文化で、日本の古くからの慣わしではなかったことが理由なのかも知れません。それにしても日本で今、世代間の交流が危機にあるとしたら、研究者たちはその対応策として人為的な交流方法を研究するのではなく、「人為的な方策をとらなくてもよい家族社会づくり」という根本的な問題に着眼してほしいと思います。

●三世代で休暇

デンマークの勤労者は、年間五〜六週間の有給休暇があります。子どもをもつ家庭は子どもの夏休みに合わせて七月にまとめて三週間休暇に入るのが一般的です。退職組のシニアも傍からみれば毎日日曜日のように見えますが、やはり、勤務時の習慣からか、またはデンマークの慣わしかで休暇と位置づけ、スペインやギリシャに太陽を求めて一〜二週間のバカンスに出かけます。最近では三世代が一緒に休暇を過ごすケースが急上昇しています。

旅行会社によると、三世代が一緒に海外で休暇を過ごす傾向は、デンマークが好景気で多くの人が海外で休暇を過ごす財政的余裕があることと、夫婦共働き社会で、退職した両親とふだんゆっくりした時間が過ごせない後ろめたさの穴埋めだと、その理由を分析しています。

スペインのマジョリカ島は、日本人にとってのハワイのように、昔からスカンジナビアの人々が好んで休暇を過ごしている島です。この島のリゾートで一週間のバカンスを過ごすのに、飛行機の往復費用とコンドミニアムの宿泊を併せて、一人約四〇〇〇クローネ（約九万円）です。でも、デンマーク人は休暇を過ごすために日々働いているようなところもあり、バカンスは一年の英気を蓄えるためにも、また日常生活をリフレッシュするためにも大事なことです。また、家庭によっては、今年は財政的に海外は無理だと判断したり、国内で楽しみたいと思う人もたくさんいます。どこで休暇を過ごすかは、そのうちの財政やライフスタイルで異なりますが、要はみな二〜四週間の長期休暇をとって家族で楽しむことにあります。

私たちも七歳の孫のステファニーが一歳半になった年から毎年、息子家族と休暇をともに過ごすようになりました。私たちは一週間に数回の頻度で会っているし、たびたび動物園や自然公園にピクニックに行くので、ステファニーにとっては別に私たちと一緒にいること自体はそうめずらしいことではないはずですが、クレタ島への初めての休暇は一歳半の幼子にも特別な興奮があったのか、クレタ島に飛び立つ飛行機のなかで何度も指をさして私たちの居所を確認していました。私たちはそれぞれのコンドミニアムに滞在しますが、息子夫婦は子どもを私たちに預けて買い物に出かけたり、海でたっぷり泳ぎを楽しみます。一方、私たちは孫と海岸に出て石や貝殻を拾い、それらを部屋に持ち帰り、デンマークから用意してきた絵の具をつかって一緒に絵付けをして楽しみます。小さな石にそれぞれの発案で花や動物の絵が描かれ大満足です。

それでも、私たち夫婦はまだ孫が幼いうちは孫だけを連れて遠くへ外出するのをなるべく控えています。彼らは私たちの孫である前に息子夫婦の大事な子どもですから、指に傷ひとつ負わせるわけにはいきません。私たちは祖父母として孫に愛情を注ぐ役目だけに徹し、私たちと過ごした一日が「楽しかった」と思って親のもとに帰ることができれば、それが一番だと思っています。孫の成長とともに「共有する思い出」を育てていくことが、祖父母と孫の相互の絆を強めていくのではないでしょうか。

三、退職を迎えて

●待ちにまった退職の日

近頃、私の歳相応にというべきか、受け取る郵便物のなかに退職レセプションの案内が目立つようになりました。招待状は直接本人や勤務先から関係者に送られるのが一般的ですが、場合によっては、新聞などで公表される場合もあります。レセプションの形は参加者のために軽食・スナックなどを用意するブッフェスタイルが多く、ワインやソフトドリンクなどをふくめた、その

二人の音楽教師の退職。在職中の感謝のスピーチに聞き入る二人

ための費用は通常、勤務先が負担します。

会場での雰囲気は和やかで、駆けつけた列席者は、退職者に対して「退職おめでとう」と祝いの言葉を述べ、本人は「これからは就労中にはできなかったことを、好きな時間に好きなだけ没頭できる」とよろこび、それに対して先輩退職者は、「いやいやそれは甘い考えだ。退職後は、おどろくほど忙しくなる」とか、「孫の相手や趣味で時間が埋められてしまう」などと楽しそうに忠告する声が聞こえてきます。

このような退職時のスタイルをみると、職場の退職者に対する感謝の意が感じられ、同時に、「退職」が個人にとって人生の節目として重要視されていることがうかがえます。

デンマークでは日本のようにまとまった金額が定年退職時に支払われる「退職金」という制度はありません。日本では、退職金を老後の生活費や医療費として貯蓄するケースが多いようですが、デンマークでは退職後にそれまでの生活レベルを維持できるだけの年金が支払われるし、また医療費も診療から入院、必要とあれば移植手術まで無料で受けることができ、安心した生活が保障されています。しかし、日本のように多額の退職金を一度に受け取るのはさぞ爽快だろうと、一瞬、私の脳裏にうらやましさがよぎります。デンマークでは雇用主が退職者に贈るのはせいぜい花束と記念品程度です。本人が属していた部署やチームのメンバーも、ポケットマネーから資金と知恵を集めてお祝い品を渡すのが恒例です。

今退職を迎えている人たちは一九四〇年代の生まれで、六〇年代に成人になった人たちです。

この世代の人たちの意識には、「男は外の仕事」「女は家庭を守る」という考え方はすでに存在せず、遠い昔の話です。また、この世代は男女平等権を強く主張し、男女とも就きたい仕事に向けて教育を受け、教育を基に就職し、家庭・仕事・子育ての日常生活の車輪を夫婦共同で回転させてきた世代です。

いずれにしろ、退職レセプションには職場関係者のみならず、家族を含め職場外で本人と交流のあった人たちが駆けつけ、明るく和やかな雰囲気があります。私が受け取る退職レセプション案内の多くは行政関係からで、福祉分野の視察や研修で訪問を受け入れてくれて、回を重ねるうちに知り合いになった人たちの退職です。私が案内を受け取ることは、先方が部外者である私を関係者とみてくれたことであり、案内に対して時間の許す限り「今までご協力ありがとう」という感謝の気持ちを伝えたいという思いで出席しています。

●イングリッドの退職

「エッ！　イングリッドも退職しちゃうの」。ロスキレ市保健・予防課からの封筒を開けた瞬間、急にドスンと背中を押されたようにおどろきを感じたのは、それがイングリッドの退職レセプション案内だったからでした。イングリッドは一九七四年から作業療法士の管轄である市立補助器具センターで所長を務めていました。私は補助器具の役目を日本からの視察者や研修者に知らせたいという願いで、二〇年ほど前にイングリッドが所長を務める補助器具センターに連絡をとったのが付き合いの始まりです。彼女は私が一人の訪問者を同行しても、また三〇人の依頼に対しても快く受け入れてくれた人です。彼女はいつも明るい声で「いいわよ。待っているわ」と好意的な返事をくれ、また楽しい話題に対して、それこそお腹の底から声を出して笑い、周囲を「パッ」と明るくさせてくれます。彼女は確か私より一歳年上で、このとき六二歳でした。これまで準給与制度（Efterløn）を利用して早めに退職するという話を聞いたことがなく、公的退職年齢の六五歳まで現職でいると勝手に想像していたので、「エッ、この人も」という思いでレセプション案内を眺めてしまいました。

その日、八月三〇日、イングリッドのレセプションに出席するため、首都コペンハーゲンから三五キロ西にある、人口八万人の中堅都市ロスキレ市に車を走らせました。レセプション会場はすでに多くの客であふれ、室内の空気はムンムンとしていました。イングリッドはいつものスポーティな姿とはうって変わって、ドレッシーなジャケットとスカートに身を包み、入り口から少し入った所で訪れる人を迎えていました。部屋の中央には軽食・クッキー・チップスそして飲み物が用意され、隅には参列者が持参したギフトを置くテーブルが置かれています。すでにそのテーブルの上にワイン・花束・チョコレートなどが贈り主の名前を記したカードとともに置かれていました。周りを見渡せば、イングリッドの夫トニー、市議会議員、ナーシングホームの職員、作業療法士、補助器具を運搬するドライバーと多彩な顔ぶれで、イングリッドの職域の広さと人望がうかがえます。

レセプションにはスピーチが付き物です。行政関係者がイングリッドの数々の業績に感謝し、イングリッドの部下たちが上司であるイングリッドの失敗談を披露し、イングリッドのいつもの大きな笑い声を先頭に、会場は笑いの渦につつまれて盛り上がりました。

数人のスピーチが済み、参列者同士が話を交わしていたときに、グラスをたたく音が会場に響きました。デンマークでは、スピーチをする合図にテーブルにあるグラスをフォークなどを使ってチンチンとたたき、「スピーチをします」と知らせる習慣があります。

それはイングリッド自身でした。彼女は「私も一言みなさんに感謝の意を表したいと思います」と、真面目な顔で静かに口を開き、「一九七四年に補助器具を担当し始めた当時は車椅子利用者を市内で見かけるのは結構めずらしい光景でしたが、三〇年後の今では、歩行器、車椅子を見ない日がないほど街で頻繁に見かけるようになりました。補助器具が市民の身近になっている光景を見ると、私たちの仕事の成果を実感することができ、よろこびを味わっています」、そして「私たちの仕事は、補助器具を提供することでクライアントのライフクオリティーが向上する、という意味のある仕事です。このような仕事につけたことを感謝しています。明日から目覚まし時計はお払い箱です。職場での仕事にも燃えていましたが、これからは脳を総入れ替えして、好きなことに好きなだけ時間をついやしていこうと思います」とスピーチし、大きな拍手を浴びていました。三三年間、ひとつの職場でエキスパートに育った作業療法士の退職の日は、彼女の「第二の人生」のスタートの日でもありました。

「やりがいのある仕事だった」と大満足のイングリッド

●準給与制度は人気の制度

「仕事は興味深く楽しかったから六五歳の定年まで働けたけど、やはり準給与制度を利用して早めに退職し、時間を家族のために使いたい」という気持ちが優先して、イングリッドは六二歳で退職しました。デンマークの公的退職年齢は六五歳で、その歳から国民全員に公的国民年金（フォルケペンション）が給付されます。このときから受給者は「学生」とか「会社員」という身分の代わりに、年金受給者（ペンショニスト）という身分になります。ちょっと歳かしら、とみかけるデンマーク人に「何をなさっているのですか」とたずねると「ペンショニストです」と、ちょっと胸をはって自分の身分を答えるのが常です。

しかし、イングリッドのように準給与制度を利用した人は、退職したとはいえ「ペンショニスト」ではなく、準給与制度利用者（Efterløn modtager）という身分です。この制度は、過去三〇年のうち、合計二五年間失業保険基金に加盟し、失業保険基金への会費とともに準給与制度拠出額一カ月三九八クローネ（九一五四円・二〇〇七年度）を支払っていた人が六〇歳から利用できるシステムです。六〇歳で準給与制度を利用して職場を退職する人は、失業や疾病の保障として受け取る日割り手当て額の九一％が毎月の給付となり、年間一六万〇七二〇クローネ＝約三六九万七〇〇〇円（二〇〇七年）ですが、もし、給付を六二歳まで待機すると一七万七〇〇〇クローネ＝約四〇七万一〇〇〇円（二〇〇七年）が支給されます。

イングリッドの場合、金額的には就労中にもらっていた給料の半分以下になってしまいますが、収入が少なくなる分、税率も下がるので実収入にはまったく問題がない、との判断です。夫のトニーは、パーキンソン病を患い、現在は障害者年金を受けています。

「退職して自分たちの生活レベルが落ちるのでは、意味がない。個人年金もあるし、いろいろと計算したら、六二歳で退職しても今の生活を継続できると判断したから退職に踏み切った」と話してくれました。イングリッドと夫のトニーは再婚組で、二二年前（一九八五年）に結婚しました。それぞれ前のパートナーとの間に二人の子どもがいたので、一挙に、四人の子どもの親となりましたが、今では社会人となり独立して家庭をもっています。子どもたちが巣立ち、それぞれの家庭を持った後は夫婦二人の生活が続いていますが、一二歳の孫を筆頭に一〇人の孫が入れ替わり立ち代りに訪問してくるので、イングリッド家はいつもにぎやかです。これからも庭つきの一二〇㎡の家を維持し、家族全員にお誕生日やクリスマスに贈り物をして、年に一度は家族旅行を楽しむ生活は継続されていきます。きっとそこにはイングリッドの高らかな笑い声がいつも聞こえることでしょう。

「六五歳を待たずに早めに退職し、第三の人生をエンジョイしよう」という一九七九年に導入されたこの制度は、五年も早く退職でき、しかも生活が保障されるという、願ってもない制度で、国民に大歓迎され、現在一四万人（二〇〇七年）の準給与受給者がいます。なかでも身体的負担が大きい労働に就いている人たちは、長年の労働で体のあちこちに故障を感じ始めている場合が多々あります。その人たちにとっては、五年前に退職することは健康を取り戻す大きなチャンスとなります。身体的労働ではないとしても、以前から「仕事以外でしたいことが山ほどある」と「第三の人生」を楽しみにしていたグループ層にも、願ったり叶ったりの政策でした。

ところが、政策発足後三〇年近くたった現在、この制度は「誰も口にしないが検討したほうがよい」という政治的な雰囲気が漂っています。シニアグループが次々と早めの退職を果たし、「第三の人生」を楽しんでいる一方、準給与制度の公費負担が増大し、国の財政の悩みの種となっているからです。本来、政府としてはカットしたい分野ですが、「準給与制度を中止する」などと一言でもいえば政治生命が絶たれる恐れがあるほどデリケートな分野で、誰もどこの政党も口に出しません。

時代の変化とともに、デンマークの労働市場も大きく変わり、二〇〇七年では、財務大臣が「デンマークの現経済は、世界を買うことができるほど好調だ」と述べるほど、この数年、景気のよい時代を迎えています。準給与制度が導入された一九七八年の景気低迷期に七・三%に達していた失業率も、失業者のトレーニングや再教育が建設的に行われたことによって、二〇〇七年には三%台に改善されました。この傾向がつづけばデンマーク労働省がかかげる「すべての人に仕事を！」というスローガンも達成できそうです。好景気によって、建築、生産、サービス分野などの労働市場で一〇万から一八万人の人材が不足し、これを補う方法としてEU諸国をはじめ、海外からの人材募集に悪戦苦闘しています。

この波は、準給与制度を利用し退職しているシニアグループにも広がっています。今度のお誘いは「あなたたちはまだ若いし仕事の熟練者だ。再就職はいかが?」と、人材不足を埋める手段としてシニア世代を再び仕事に戻そうと免税対策を含めた策を講じています。

準給与制度の先行きは、この制度をいずれは利用しようと考え、毎月拠出している若年の就労者にとっても大きな関心事です。シニアグループを労働市場に戻すことができるかどうかは、「自由を仕事と取り替える価値があるか」「収入と納税のバランスにメリットがあるか」ということに大きく左右されます。

四、退職後の人生

●熟年期に戸惑う日本の夫婦

二〇〇七年の一一月のある日、デンマーク人の友人から「日本の妻たちは夫が退職することに不安があるって本当なの?」とたずねられました。彼女はソファーに腰を降ろすと早速バッグから新聞記事を取りだして「理解しかねる記事を読んだ」と、首をかしげながら私にその記事を差し出しました。「日本についての記事とはめずらしい」と思いつつ、まず目に入ったのは初老の日本人男性二人の写真で、これで確かに日本に関する記事と分かりました。この記事の見出しに「夫は妻に吐き気をおこさせる」と書かれているのを見て、瞬間「エッ!　どういう意味?」と戸惑ってしまいましたが、デンマーク人のジャーナリストが日本の熟年夫婦の現状をどう見たのか、という興味に誘われ文字を追いました。

それによると、「日本の女性の六〇％は夫の定年に不安を感じている。日本の男性は眼が開いている時間のほとんどを職場で過ごし、定年後は家庭に居場所がない。女性たちは夫が定年後、毎日顔を付き合わせる人生を考えると夫退職症候群（ＲＨＳ　Retired Husband Syndrome）と呼ばれる、うつ病、吐き気、胃痛、じん麻疹、喘息などの症状で拒否反応を示している」というさびしい内容のものでした。私は「とうとう日本の団塊世代の定年問題は、海外のジャーナリストにまで浸透したか」と、少々この記事に迷惑さを感じながらも思い当たることもあり反論はできませんでした。

それにしても、妻が夫の退職後を考えると精神的な苦痛を感じ、それが「ＲＨＳ」というれっきとした名称まであることに大きな驚きを感じました。経済大国を支えてきた日本の「仕事人間」の男性たちを、「眼があいている時間のほとんどを職場で過ごす」という表現は、「確かに」という妙な納得さえ覚え、日本人男性の長時間労働がデンマークにおける日本観になっていることがうかがえます。彼らは朝早く出勤し、子どもが寝た後に帰宅して、子どもの成長や日常生活を妻と共有することなく歳を重ねてきました。私は、私と同年輩の日本人男性の働きぶりと、子どもの成長に命を注ぐ妻たちの生活姿勢を眺めて、「彼らの人生のよろこびは何だろう。定年後寄りそうことができるのだろうか」といつも疑問に思っていました。

ある人は、団塊の世代は仕事優先の人生を送って、今日の日本を世界的な経済大国に発展させた立役者だと美化します。その世代の一部が「吐き気をおこさせる夫たち」として定年後の人生を歓迎されていないとしたら、こんな哀れなことはありません。

この新聞記事を読む少し前、私たち夫婦は日本にいて、日本の定年退職組の新しいライフスタイルに触れるチャンスがありました。二〇〇六年の春に定年になった知り合いの男性からホームパーティーの誘いを受けました。彼は、定年を機に「自分の住処」として小さなマンションを買ったばかりで、ウィークデーは一人でそこで気ままに過ごし、週末は目と鼻の先にある自宅で妻と過ごすという生活を始めたばかりでした。当初、その事情は誰も知らず、ホームパーティーのお誘いをありがたく受けて、友人たち数名と訪問しました。指定された住所を訪ねると、ドアを開けてくれた彼はエプロン姿で、私たちのためのご馳走づくりに奮闘していました。私は彼のプライベートをまったく知らないので、てっきり彼の妻が料理をつくり、訪問した場所が彼の日常の生活環境だと思っていました。

ところが2DKの家に上がった瞬間、室内はあまり日常生活のにおいもなく整然としているのに驚きました。けれど季節の花が生けられ家主のもてなしの心が感じられて、「誰が、どうして住んでいるのか」という疑問がムクムクとこみ上げてきました。テーブルにはすでに彼が腕によりをかけて用意してくれたいろいろな料理が並べられています。室内の回りを見渡すと彼の持ち物ばかり、はては「離婚組？」とさえ想像してしまいます。でもそんなことは本人から話さない限り「あなたは離婚されてここに一人住まいですか？」などと聞くわけにはいきません。このパーティーに参加している誰もが同じような疑問をもちながらも、会話は彼の料理の腕をほめることにとどまっています。

そのうち、勇気ある一人の「一人で住んでいるのですか？」という質問をきっかけに、「ウィークデーの数日を一人で過ごし、週末は妻のいる自宅に帰る」と、状況説明があり皆が抱いていた疑問が解かれました。彼は明るく穏やかで、その上やさしい人です。とくに事情もなく、ただ自分の居場所を確保して定年後の自分の生活基地にしたかったのかも知れません。

彼の場合は幸いにもデンマークの新聞が記事にするような「吐き気をおこさせる夫」でもなく、住居を二軒もつ幸せな夫婦に過ぎないケースだと思います。私の夫は「日本の狭い住居問題がネックかも」と彼なりに解釈していました。これが日本的な夫婦愛なのかどうか不明ですが、夫婦の不一致がないとしても、どうも私には理解しがたく何かが欠け、何かがちがうようですっきりしませんでした。

新聞記事に記載されている症候群を裏づけるように、二〇〇六年一〇月に生命保険、金融プロフェッショナル組織ＭＤＲＴ（Million Dollar Round Table）日本会が、全国の四〇代から五〇代の既婚者男女計五一六人を対象に「夫婦の意識調査」を実施した結果があります。それによると、妻の四人に三人が「リタイア後、夫といる時間が増えることはうれしくない」と答えています。もちろん、日本の熟年夫婦のなかには幸せに年を重ねているカップルもたくさんいますが、精神的苦痛で診断を受け、調査対象にもなる熟年夫婦関係は、やはりデンマーク社会から見ると異常な状況であり、「何のために夫婦でいたのか」と疑問を感じます。妻が夫に対して不快感を抱くなら、すでに「愛情」は消えていて、夫婦でいる意味がありません。確かに最近の日本では「熟年離婚」などという言葉も生まれ、年金分割制度も導入され、これが離婚に拍車をかけると推測されています。

友人は、「デンマークなら不快感を抱いたらすぐに離婚よね」といいます。一緒にいると病気になってしまうというのに離婚しない日本人の倫理観が理解できません。

デンマークでは結婚、離婚、再婚などは日常茶飯事で、今のデンマークの熟年夫婦がみんな初婚カップルとは言い切れません。一回や二回パートナーを代えているカップルも多くいます。デンマーク人が、「子どもが三人いる」と言っても、それが同じカップルの子どもとは限りません。「長男は私の子、次男は夫の子で三番目が二人の子」という答えが返ってくるのも「ふつう」のことなのです。しかし、定年を機に離婚するという話はあまり耳にしたことがありません。デンマークの男女は経済的に自立しており、またそれぞれ自分の意見や人生設計をもっているので、添えない相手だと判断すれば何も退職期まで待つ必要はないからです。社会もそれを非道徳とはみなさず、むしろ一個人が幸せを求める自然な姿としてとらえています。不必要な我慢を強いられる人生は、逆にその人のライフクオリティーを低めることになるからです。

私たちが家庭をもてば男性／女性として、夫／妻として、また父親／母親として三種の大役があります。この三役をどれにも片寄ることなくバランスのとれたものにすることが、日々の生活を築く上で大事なことです。私も結婚して夫を持ち、子どもが育っていく過程で心してこの三役をバランスよく務めたい、と常に念頭においてきました。

私の周囲のデンマーク人は、男女ともこの三役を生きていくことを「あたりまえ」の人生として日常生活をこなしています。日本の団塊世代の男性が会社で多くの時間を費やし会社人間であった過去四〇年間、デンマークの同世代は夕方の四時、遅くても五時には帰宅して家族との時間を大事にしてきました。これを可能にするのはやはり社会政策の大きなバックアップが不可欠です。日本の家庭の多く、とくに団塊世代の家庭を見てみると女性は母親役に比重が大きく、男性は夫と父親役より会社人間に比重が大きく、日常生活の上で時間や経験の共有が少ないことは大問題です。日本の熟年夫婦がもつ問題は、きのう・きょうに浮上した問題ではなく、子どもや夫婦間の時間の共有が乏しかったことが、長い年月をかけて溝を深めていった結果となったのではないでしょうか。

●デンマーク人の家族と職場のバランス

デンマーク人にとって「仕事は生きる糧」であり、「家族は生きる源」です。雇用者も被雇用者が幸せな家庭を営めば、結果的にいい仕事に反映できる、というコンセンサスがあります。家族と仕事とのよいバランスを保つことは常に重要な課題で、長い年数をかけて労働時間、有給休

「今日は遅くなって4時半になった」と二人の娘を保育園に迎えにいき、帰宅途中

暇、出産休暇を向上させ、よりよいバランスを求めてきました。

私の夫がまだ会社勤めをしていた頃、日本の友人と私の夫の帰宅時間を話したことがあります。夫は日々の運動も兼ねて二五キロの道のりを毎日自転車通勤していました。「追い風なら四時だけど、向かい風なら四時一五分くらいの帰宅」と話したら、「エッ！　風の向きだけが帰宅時間を左右するわけ」と、どこにも寄り道せずにまっすぐ家に帰ってくるのが何とも理解しがたいようでした。また、毎年日本の家族を訪問するときは、三週間の休暇をとり日本の同年輩の人たちが満員電車で通勤し、夜遅く帰宅しているのに、私たちはゆっくりとした時間を過ごしたものです。友人たちの目には、私の夫はそれこそ「職場でやることがない」人材に映ったようで、「だいじょうぶなの」と心配さえしてくれました。デンマーク人の通勤手段はそれぞれちがいますが、仕事が終われば、というより、退社時間きっちりに仕事を終わらせ、まっすぐ自宅に戻るのはデンマークでは当たり前のことです。

しかし、離婚するカップルが多いことも事実で、結婚したときは確かに「死が二人を分かつまで…」と神妙な顔で神様に約束したはずなのに、はたして約束はどうなったのでしょうか。事実、男女とも自立して経済力があることや、離婚後一人親になっても多様な社会的支援があることなどが離婚のうしろ楯になっています。一九九六年から二〇〇六年までの統計推移をみても、結婚数が三万五〇〇〇件で離婚数が一万五〇〇〇件内外と、一〇年間ほぼ変わっていません（デンマーク統計局・一〇年推移二〇〇七年）。

ある日、結婚生活が「自分らしくない生活」と気がついたとき、我慢して生活を継続できる国民性ではない、ということも離婚の理由かもしれません。

離婚する、しないは別として家族をもっている間は、それぞれが家庭のなかに居場所があり、外出するならまず一旦自宅に戻り、配偶者を伴っての外出が一般的なスタイルです。確かに彼らは家族といる時間を大切にします。一週間一六八時間のうち、約四分の一の時間を職場で過ごし、残りは自分の時間です。もともと人生の比重が家庭にあれば、自分の居場所や家族内での存在感は自然に構築されていきます。ですから、退職しても目覚まし時計をセットする必要がなくなる以外は、迷うことなく家庭に戻ることができます。

今、日本は大量定年期に突入し、七〇〇万人も退職する中、七五%~八〇%の人々が雇用延長や再雇用を希望している、という数字を目にしました。また、退職後の「起業」という言葉も目立ち、「やはり日本人は仕事人間なのかしら」と、改めておどろきを感じます。「家庭に還る」意識が少ないことにもデンマークと日本の大きなちがいを感じます。また、NGOとかNPOという言葉もさかんに聞かれ、ボランティアに関心のある人も三〇%近くいるようです。多くは「今まで会社人間だったので、今後は社会に、また地域に貢献したい」という善意あふれる気持ちからのようですが、今までとちがった分野に居場所を求めたい、と思う人も少なくないようです。そのチャレンジ精神に拍手を送りたいと思う一方、ここでも夫婦がともに時間を過ごすのではなく、どうも夫婦別々の単独行動が目立ちます。

●退職後の夫婦の生活

退職は、彼らの「第三の人生」の始まりです。デンマークの多くの人は五〇代半ばごろから将来の年金額の計算や退職後の人生設計に余念がありません。デンマーク人に「老いては子に従え」などという言葉は決して当てはまりません。常に自分の人生を真正面から見つめていて、世代間で尊重こそすれ、干渉や管理体制を好まない自立した国民性です。

退職するのは男性だけではありません。デンマーク女性の就労率は七二%と高く、世界の上位にあります。女性は男性と同じように三〇年〜四〇年間労働力として働いてきました。女性は、自分の経済力をもち、精神的にも経済的にも自立しています。これは、とくに一九八三年に施行された「既婚女性の独立申告制度」の導入で、自分の収入に対して「納税する義務と権利」を得るようになってから、女性の経済的自立意識がさらに強まりました。

「主婦」という言葉はほとんど消え失せ、今、退職時期を迎えている世代のデンマーク人は男女とも、週三七時間の仕事につきながら子どもを育て、家庭を守ってきた人たちです。日本では、子どもの登校中の数時間とか夕食の支度時間前までというような腰掛的な「アルバイト」や「パートタイム」という働き方をしている女性がまだ多くいますが、デンマークの女性は労働市場の重要な担い手としての認識が高く、同時に自分の目指す職種の専門的な教育を受けており、仕事につくことは「当然」なことで、彼女の人生の一部です。またデンマークでは仕事で得た収入はすべて納税対象であり、デンマークでいうパートタイムは、常勤三七時間に対してそれより少ない時間数の就労をいい、給料もその就労時間数に比例した金額が算出されます。デンマークは職業別労働組合制ですから、賃金は各労働組合の労使交渉で妥結された金額が基準となります。日本のように正社員より時給が低いということはありません。

常勤かパートタイムかは、その人が収入に対する税率を考えた上で労働時間数を決めます。たとえば、五〇歳代の夫婦の場合、妻が常勤三七時間のところを二八～三〇時間のパートタイム就労にすれば家事にゆとりができたり、また孫との時間に当てることができます。

二人とも毎日の勤務があれば、家庭を維持していく上で家事や子育てなどの分担が気になります。今のシニアたちの世代はどちらかというとまだ、多少伝統的な男女の分担に沿っていて、女性が家事や育児などを担い、男性が庭仕事や家の手入れ役というように役割分担が残っている世代です。とはいえ、男性が絶対キッチンに入らないわけではありません。妻が料理をしている間にテーブルセッティングをしたり、食後の食器洗いはたいてい、夫の役割です。ここでは妻だけがキッチンに立ち、夫は新聞やテレビで時間をつぶす、という光景は稀です。彼らは、伝統的な男女の分担から男女平等を叫んできた世代ですが、だからといってお互いを強制することなく適材適所という生活スタイルが定着しています。

デンマーク老年調査センターで、一九九七年に五二歳だった男性（一九四五年生まれ）六六五人および、二〇〇二年に五二歳になった男性（一九五〇年生まれ）六〇九人を対象に「家事能力」調査が実施されました。結果は表の通りです。

この数字が示すように、デンマークの熟年男性は結構、家事ができるようで、五歳の歳の差で「できる」「やっている」割合が増えています。調査に参加した男性は当時まだ退職前ですが、この数年の退職組です。退職の時期は夫婦の年齢差、就労年数などの関係で同一時期とは限りません。どちらかが先に退職して家庭人となり、夫が妻より二～三年早めに退職しても料理や掃除を担当して妻の帰宅を待つ光景がみられます。やはり夫が先に退職した友人は、「料理が結構上手なのよ。最近はパンまで焼くようになった」、「夫の潜在能力を引き出すことができた」とよろこんでいました。そして彼らは、将来独居生活を余儀なくされても困惑することなく、自立した生活を継続することができます。

この頃には、子どもたちはそれぞれ親元を離れ独立した生活をしているのが一般的で、夫婦五〇歳代前後から日常的に夫婦二人の生活です。考えてみれば夫婦二人だけの生活は結婚して子どもが生れるまでのわずかな月日だったのではないでしょうか。子どもも巣立ち、自分たちも退職して「第三の人生」を送るということは、これから本格的な夫婦だけの人生が始まるということです。

	料理（割合）	洗濯（割合）	掃除（割合）
できる	1997年 91% 2002年 95%	1997年 89% 2002年 94%	1997年 95% 2002年 97%
やっている	1997年 63% 2002年 73%	1997年 48% 2002年 53%	1997年 70% 2002年 78%

●子どもの自立、親の自立

デンマークの子を持つ親は「子どもは社会の借り物。一緒に生活できるのは一八年間に過ぎない。その間、楽しまなくては」とよく言います。「一八年間」というのは、デンマークの成人年齢が一八歳で、この歳から法的には「親は子を扶養する義務がない」とされ、もし窮地に追い込まれた場合、その人の援助・救済責任は行政に移行されます。たとえば、一八歳以上の子どもが実家以外で生活をしなくてはならない事態に見まわれた場合、行政が住居を斡旋します。収入がなく生活費がなければ生活保護の対象にもなります。

それでは、デンマークの親は子が一八歳に達すると「さあ、出ていきなさい」と追い出し、だれもが行政に頼るのでしょうか。

いいえ、やはり自立しているデンマーク国民の多くは、あくまでも自力で問題を解決したい、という意識をもっていて、子どもと親の心の準備や経済的な裏づけを整えた上でアパートや学生寮に引越します。人々は子どものころから保育園や学校での教育を通して「自分で物事を考え判断する」力を育んでいて、成人年齢に達する頃は、かなり「自分の力で生活したい意識」が育っており、他に依存することは自らのライフクオリティーの低下につながると考えています。

親のほうも、自分の子ながら「一人の独立した人間」として尊重する意識を持ち合わせています。この二つの意識が折り重なって子どもは実家を離れ学生寮に移ったり、アパートを借りたりします。デンマークの教育機関はすべて公立で、求める教育が実家から離れている場合もしばしばです。その場合、交通費などを考えるとそう頻繁に親元に戻ることはできません。しかし、教育場所と実家が距離的にそう遠くなくとも学生寮やアパートに移るケースは一般的です。私の息子二人は大学が家から一〇キロほどの所で、自転車でも通学が可能でしたが、長男は二一歳から、次男は二〇歳から大学付近の学生寮で独立した生活をしてきました。学生寮では食事、洗濯、掃除を自分で賄う必要があります。そこで得た自力での経験が今、結婚してからの夫婦共働きの生活にも大いに役にたっています。

なかには親子の紛争が絶えない家族もいます。そのような場合は行政が介入し、「引き離し」を含む、子どもの年齢と問題の内容に応じた対応をとります。

また、障害をもつ子の親もいます。障害をもつ子は、医師の診断がおりたときから行政のケースワーカー下に置かれ、養護学校、訓練、必要な補助器具の支給、障害に適応する自宅の改造などを含む対応が施されます。そして、障害児が一八歳の成人年齢に達すると、希望があれば障害にやさしい住宅を斡旋され、健常者の成人と同じように独立して生活をすることができます。

このようにして、デンマークにおいては障害をもつことはうれしいことではありませんが、生活をする上でハンディになることなく「健常者と同じ社会的権利」を有します。

生活保護の対象者も、ずるずると公費を受給して生活するのは本人のライフクオリティーを損ね、また公費の大きな負担につながります。行政では彼らには再教育や職業トレーニングのチャンスを与え、一日でも早く就職し納税者に移行できるように努めています。

デンマークの若者は、自立できる条件がどの国より整備されています。一八歳以上で教育を受けている者には、返済義務のない学生援助金という生活費が支給されます。その金額は学生寮費、食費、交通費、通信費など、最低額が支払えるように設定され、足りない分は学業の合間に数時間の仕事に就いて補っています。小学校から大学教育まですべての教育費は公費で賄われているので経済的な心配はいりません。デンマークの若者は向学心と適応力さえあれば親の収入に関係なく、教育を受けることができます。教育費や生活費が公費で賄われるということは、親が直接、教育費や生活費を支払う場合と異なり、親と子のあいだに貸し借りの関係が存在しないことになります。

このような関係も、親という大人と子どもとが人間として平等という意識につながっているのかもしれません。日本ではよく「親離れ」「子離れ」という言葉を聞きます。子どもが親元から経済的また精神的になかなか独立できなかったり、また逆に子どもは独立したいのに親が「こんなに温かな家なのになぜ」と独立したい気持ちを理解できずに「囲い込み」の姿勢になり、いさかいの原因になることもあるようです。このような状況に対して「お互いを一人の人間として尊重し、所有物でない」ことを理解し合えば、親子間の温度差もずいぶん緩和されるのではないでしょうか。デンマークの親子は子が独立することを、小鳥たちが羽を広げて巣の上でばたばた羽ばたき、そして巣立つことと同じように、生き物の自然な成長の証としてとらえ、送り出します。それがかえってこれからの長い人生でお互いを案じ、そして支えあういい関係を築いているようです。

2章 高齢期を生きる

遊園地でフォークダンスのボランティア

一、元気なうちに住み直し

●わが家、わが城

デンマーク人があなたに初めて会うときは、「握手」であいさつします。あなたとの交友が数回続くと「抱擁」し合って再会をよろこび、「我が家で食事を一緒に」と誘われることでしょう。デンマーク人はどんなタイプにしろ自分の住みかを誇りに思い、またくつろげる場所として自宅に客を招くことを、なによりのおもてなしとしています。

私たちが日常生活を営むのに、「衣・食・住」は欠かすことができない生活の基盤です。そのうち、何を優先するかの順序はそれぞれの国の文化・気候・風土によってちがいますが、結構それが国民性を知るバロメーターなのかも知れません。

デンマークの冬は長く、太陽の輝く日が少なくどんより暗い日が多いため、冬を何とか快適に過ごせるように長年「住」居にこだわってきました。デンマーク人にとっての住居は雨・風をしのげる「箱」というだけではなく、家族や友人とくつろぎ、趣味を楽しみ、仕事の疲れを癒してくれる大事な場所です。その場所を快適にするために家具を選び、インテリアに気を配り、自分らしい住居創りに余念がありません。同時に政府は、国民の快適な暮らしを目的に、個々のライ

サンナ（29歳）とラッセ（31歳）が開いたサマーパーティー

フスタイルと財力に見合った住宅を提供できるよう、非営利住宅団体の住宅建設、税金面の考慮、および低収入者向けの住宅援助金など、多種多様な政策を打ち出しています。

デンマーク人にとって一軒家かアパートか、または賃貸か分譲かの選択は、もちろん個々の財力にも関連しますが、往々にしてその人のライフスタイルが大きな要因となっています。同時に現在のデンマークの生活文化では、「家督を継ぐ」という意識も「家系の相続」もなくなり、親子であっても親が他界した後に、その家を引き継いで住むというケースは極めてまれです。しかし、賃貸にしろ持ち家にしろ、また、一軒家にしろアパートにしろ、我が家はそれぞれの人生を築いていく上で重要な位置を占め、その人のアイデンティティーそのものと言っても過言ではありません。より快適に住むために、また自分らしく住むために、週末や休暇時には自分の手で壁の塗り替え、張り替え、フローリングなどの家の手入れに時間を惜しみません。そんな「わが家」はデンマーク人にとってかけがえのない「わが城」です。そして、「さあ、ゆっくり一緒にくつろぎましょう」と、胸をはって家族や友人を招いて週末を楽しみます。

●適時に適正な住宅へ

子どもたちが巣立ちしてそれぞれの生活を築いていく姿にまぶしさを感じながらも、我が身を振り返ると、「中高年」の年齢に達していることに気がつきます。あらためて自分の一〇年、二〇年先の生活を考えると、身近な課題は何といっても「住居」です。デンマークの建物はほとんどがレンガ造りで、ずいぶん昔に建設されたものでもしっかりと建っています。築四〇年以上経っている古いアパートの階数は、せいぜい五～六階建てですが、エレベーターの設備がない建物も多くあります。足腰が弱くなった場合は、荷物をもっての昇り降りは結構きつく、外出の回数も制限されがちになります。

また、一軒屋の多くは居住面積が約一五〇㎡で敷地が六〇〇㎡ほどあります。子どもたちと生活していたときはすべての部屋が埋まり、庭のリンゴやプラムはいいおやつでした。しかし、子どもたちが独立し、再び夫婦だけの生活にもどったとき、部屋は余り気味となり、リンゴやプラムを食べる人もなく、草花の手入れや枯れ葉の掃除、枝の伐採などの仕事さえも楽しみから負担に変わるかも知れません。広い家、広い庭は夫婦二人に必要なのか、庭の手入れはだいじょうぶなのか、一度たちどまって考える必要があります。体力が住宅に適応できなくなった場合、外出もおっくうで家に閉じこもりがちになり、それが孤独を招き、「活動的なシニアライフ」から遠のいてしまうような結末になりかねません。

そんな状況をデンマーク人はいち早く悟り、元気なうちに住宅に対する「老いの準備」を進める人が増えています。この傾向は、「適時に適正な住宅へ」という政府のスローガンが国民の意識に徐々に反映された結果のようです。

一九九八年、当時のデンマーク住宅省（現在は福祉省内の業務）の諮問機関であった高齢者住宅審議会および高齢者フォーラムは、変化している熟年者のライフスタイルと加齢によるさまざまなニーズのちがいを検討し、それに基づく住宅対策の指針を発表しました。それは、デンマーク人がこの十数年親しんできた「できるだけ長く自分の家で」という政策から「適時に適所な住宅へ」の転換であり、最近のもっとも新しい高齢者福祉のスローガンのひとつとして浸透してきました。

高齢者の介護・看護をすべて公的に実施しているデンマークでは、過去二五年あまり、政策の中心を「できるだけ長く自分の家で」においてサービスを提供してきました。もはや、ホームは重度心身障害をもつ重介護を必要とする高齢者だけを対象とし、サービスを必要とする高齢者はニーズによって訪問看護・ヘルパー、補助器具、家の改造の援助を受けながら自宅で生活することが、より人間的であるという理念が国民に歓迎されていました。

従来は、何らかの障害をもつようになって初めてハンディキャップにやさしいバリアフリー住宅を考えてきましたが、近年の政策は五〇歳代の退職を目の前にした年齢層に向けて、元気なうちに「適時に適所な住宅へ」と訴えています。それは先見性ある新鮮なものです。広い家から小規模の家へ、庭付きの家から集合住宅へ、郊外から都心へと案はさまざまですが、簡単に言えば身を軽くし、シニアにやさしい住宅に移り、その余禄分を旅行や文化活動を増やして高齢期を活動的に過ごすことです。これにより「自分らしい高齢期を過ごすこと」ができ、公的な介護・看護の時期を遅らせることができるメリットも期待できます。

私たちも一年間のアパート生活を経て、デンマークのごく一般的な平屋住宅に住み始めてから三六年の月日が経ちました。当時、デンマークは産業化が進み都市部の人口が急増したのを受けて、ベッドタウンとして首都コペンハーゲンから二〇キロ以内に新興住宅が多く建てられました。それが好条件のローンだったということもあり、私たちと同世代の多くの核家族が住宅を手に入れました。私たちが購入した当時の家は一一〇㎡の規模でしたが、子どもたちの成長とともに手狭になり、六〇〇㎡の土地に建ぺい率ぎりぎりの四〇㎡を建て増ししました。購入当時の庭は片隅に数本のバラが植えられているだけで、その他はほとんどが芝生で「広々」を超えてむしろ「閑散」とした状態でした。

それから三五年、毎年「この木は日本にもある」「この花は、日本の花」と、せっせと樹木・草花を植え、夫は池を掘り、鯉を放して日本の雰囲気を楽しんできました。しかし、気がつけば樹木・草花は植えすぎた状態になり、その世話はよろこびを超えて、この数年負担に感じるようになりました。

そこで三年前からまず庭を「シニアライフにやさしい庭」にしようとウッドチップや白い小石を敷きつめ、草取り作業を軽くしました。室内を見渡すと屋根裏には子どもたち三人が独立する際に持っていかなかった物が、天井が落ちるのではないかと心配する程たくさん貯蔵されています。屋根裏には私たちの三六年間の歴史が詰まっていますが、「整理をしなくては」という切迫感が常に頭の片隅にあります。それは私たち夫婦自身のために身軽になって「シニアライフにやさしい住宅」である必要性と、「家を手放すとき」の準備でもあります。

しかし、「適時に適所な住宅へ」という政府のスローガンを私たちはまだ素直に受けいれる姿勢がありません。不必要な場所をかかえた大きな家から、必要なスペースだけの小規模住宅へ引っ越すことを理屈では理解できるのですが、手塩にかけた我が家からあっさりと「おさらば」する気にはどうしてもなれないのです。これは多分に私の日本人的な「執着心」によるものなのかも知れません。

●いさぎよく引越し

ところが周囲を見渡してみると、長年「我が家・我が城」と親しんできた住宅をいさぎよく売り、アパートや小規模の住宅に移り替えた人は、結構いるのです。

二〇〇七年の秋、我が家の向いに不動産屋の名前と電話番号が記された看板が立てられ、マッセン夫妻の引越し計画は本格的になりました。マッセン夫妻は夫のターゲが六六歳、妻のイレーネは六四歳になり、夫婦二人暮らしです。彼らは、一二年前に子育て時代に住んでいた九〇㎡の賃貸のテラスハウス型住居から、土地六二二㎡、建物一一〇㎡+地下室一一〇㎡の今の家を買い、夫婦だけで引越してきました。子育てが終わってから大きな家に引越す例は稀ですが、彼らにとってはタイミングだったのでしょう。家は築四〇年の赤レンガ造りで、庭にはすでに年代を感じる大きな木や多種類の草花が植わっていました。しかし、広い庭の手入れは時間と体力が必要で、ちょっと油断すれば雑草だらけの庭に化してしまいます。やはりマッセン夫妻もシニアライフに備えて、手入れが比較的楽な石楠花に替えたりしました。

しかし、昨年（二〇〇七年）の春に隣人同士の立ち話をした際に、イレーネから「体の調子が悪くて庭仕事もままならないので、アパートに引越しすることに決めた。市役所に相談に行ったら駅前のアパートの空きが出たら入居できるらしい」と告げられました。イレーネは五五歳のときに腰痛が悪化して、それまで勤めていた製薬会社を退職しました。以来、普通早期年金（旧障害者年金）を受給しています。夫のターゲは公的退職年齢の六五歳を待たず六二歳で準給与制度を利用して四年前に退職しました。

マッセン夫妻はターゲの退職を前に将来の財政計画を立ててみると、一軒家にこのまま住みつづけるより、売却してアパートに住んだほうが身体的にも、経済的にも楽なことがわかり、アパートに引越すことを決断したようです。

またイレーネは「家を売って、デラックスタイプのキャンピングカーを買う計画なの。キャンプ地に常駐車して、夏場はそこで過ごすことにしたの」としっかり計画を立てていました。

「売家」の看板がたってから半年が過ぎて、買い手がつかないまま、マッセン夫妻は二〇〇七年のクリスマス前に市役所が斡旋してくれた駅前のアパートに引越していきました。

不動産屋がときおり客をつれて物件案内をしている様子はうかがえるのですが、まだ買い手がついてないのか、家の前の看板は依然として道行く人に呼びかけています。

マッセン夫妻は、家を売って、賃貸アパートに住むと家計に余裕がでる計算で、ヨーロッパ近

「売家」の看板がたち、家主はアパートに引越し

隣諸国へ頻繁に旅行したり、夏場は海辺のキャンプ場に駐車してあるキャンピングカーで北欧の太陽を楽しむ計画です。家が売れたならばの話ですが……。

●多様な住み方、「共同住宅」

一九九五年に高齢者フォーラムが高齢者の住宅調査を行いましたが、それによると六〇歳以上の七割の人が、六〇歳以上になってから住居を替えている、と報告されています。七割もの人の移転を可能にするのは、やはり「住」を生活のベースとして重要視する国家政策が大きく関係しています。行政は相談を受けたり、住宅の斡旋をします。非営利住宅協会では多種タイプの高齢者向きの住宅を提供しています。またこれを機会に複数の人と「コレクティブ」や「共同住宅」を形成しようか、と考える人も少なくありません。そのような相談も行政や住宅協会が受け入れてくれています。二〇〇三年の統計では、共同住宅の数が、全国に七五カ所一五〇〇戸ほど存在しています。共同住宅の一般的なケースは、友人グループが共通の興味で共同住宅を立ち上げています。

デンマーク人は個人思考で大変自立している国民性なのになぜ、と思われるかもしれません。ところがデンマーク人は「個」の尊重と同時に「連帯」意識が育成されていて、これが共同住宅の形にも表れ、それぞれ六〇〜八〇㎡の居住場所を持ち、「プライベート」を保持しながら同時に共有スペースをもって活動をともにする工夫がされています。共同住宅に賛同する大きな理由のひとつに、「就労中はなかなか手が回らなかったが、退職後の余裕ある時間を友人・隣人との付き合いなど、社会との交流にあてて、孤立しない熟年期をすごしたい」があげられています。

デンマークの熟年層にとって「余生を送る」とか「隠居する」という言葉は存在しません。退職後の「第三の人生」をいかに有意義に楽しく過ごすことができるか、という人生の設計図に正面からパワフルに臨んでいるようです。

●共同住宅を結成したメンバー

首都コペンハーゲンから西に三五キロのロスキレ市に一九九九年八月に完成した高齢者共同住宅があります。主旨は「Fællesskabet＝共同生活体」、つまり個々の住宅を持ちながら共同で地域を守り、地域の問題を共有することにあります。住宅は、一八世帯二六人で、一戸九〇㎡の平屋テラスハウス形式です。発起人はラーセン夫妻と同年輩の友人夫婦二組で、高齢者の住宅問題を扱う信用金庫の係りに相談したのがすべての始まりです。以来、入居に至るまで、共同生活希望者公募、度重なる計画ミーティング、自治体との土地の契約、信用金庫との経済的折衝と、さまざまな問題を乗り越えるのに三年の月日を費やしました。希望者募集は「五〇歳以上で同居の子どもがいない人」を唯一の条件として新聞で一般に呼びかけました。

自治体との協議の結果、入居者が出資するのではなく非営利住宅が施工主となり、各世帯、頭金二万クローネ（四六万円）、家賃月額四五〇〇クローネ（約一〇万円）を支払うという条件で取り決めがまとまりました。当初、入居希望者の多くは大きな一軒家を売って入居する予定だったので、一世帯二〇〇万クローネ（四六〇〇万円）の資金を投入し、民間住宅を考えていましたが、家主の交替は賃貸のほうが将来的にも安易という熟慮の末、公的住宅の形が採用されました。財政面の決着後は、設計から建設および共同住宅の運営に至るまで、呼びかけ人たちの意見・希望が優先されて建設されました。

共同住宅にとって核となる場所は共同施設で、集会や催事のみならず団らんの場所として大切なところです。この共同住宅も空き家になれば新しい住民が入居します。個人の資金での建築に代わって非営利住宅協会が建てた住宅ですが、入居者の審査権は共同住宅の主旨を守る発起人グループにあります。ここでは、すぐ裏のゴミ捨て場に行くのに四～五分はかかるといいます。それは必ず誰かに会い、立ち話に花を咲かせるというのが理由だとか。入居者が五〇歳以上という条件でスタートしたことは、同時に同じように歳を重ねるということです。さて、どういう共同住居体になるのでしょうか。

二、さかんなボランティア活動

●「奉仕」ではなく「自分のために」

デンマークの勤労者は、午後の三時や四時になると帰宅モードで気はそわそわ、保育園も三時過ぎから子どもを迎えにくる保護者のラッシュになり、五時半になれば閉園です。デンマーク人の一般的な常勤就労時間は週三七時間で、その仕事を提供する代償として給料をもらいます。自分の労働時間以外にサービスで仕事をするという姿勢は一般的には考えられません。仕事に対してはきちんと支払いが生じる「タイム・イズ・マネー」精神が徹底しているのです。

ところが、その反面ボランティア活動にかかわっているデンマーク人は、総人口の三五％にあたる約一五〇万人（二〇〇四年）で、多くの人が多岐にわたる活動にかかわっています。また途上国の援助では、経済大国といわれている日本はＤＡＣ（ＯＥＣＤ開発援助委員会）加盟国中一〇位にも入っていませんが、デンマークでは一人当たりの対ＧＮＩ（国民総所得）比は〇・八一％で五位です（二〇〇七年ＯＥＣＤ統計）。

税金が世界一高い国、労使契約した時間以外にはサービスで仕事をしない働き方の国なのに、デンマークの人々のボランティア活動が活発な由縁はどこにあるのでしょうか。それはやはり社会制度が安心した暮らしをもたらし、自分以外の人のことを考えられる余裕という「豊かさ」があるからかも知れません。

実はデンマークでは「Volunteer＝ボランティア」といわず、デンマーク語で「Frivillig＝フリーヴィリィ」という言葉が使われています。これは直訳すると「自由意志」という意味で、活動自体は「奉仕活動」から端を発しているにしても、現在では、「奉仕」というより「活動に賛同する自分の意志」と、また「自己発展」のために参加している、という意味合いが強いようです。やはり奉仕活動というと「してあげる・してもらう」というニュアンスがまだ抜けきれていません。

また、自由意志活動は職業として組織されていない分野に限り、無報酬で参加することにあります。趣味や文化活動のみならず、多くの人々が社会政策の分野でも「自由意志活動」に参加していることは、デンマーク人がいかに自分たちの生きている社会に興味をもち、よりよい社会創りに行動をともにする意思をもっているかということの表れだと思います。

この「自由意志活動」を年齢的にみると、三〇～四九歳が多種多様なスポーツや体育協会内での活動やボーイスカウトのような青少年育成関連事業にかかわっています。

また六五歳以上の定年退職組の多くは、高齢者や障害者の援助などの社会的な活動に多くの人が参加しています。とはいえ、デンマークの場合は介護・看護などの福祉分野でケアワーカーのボランティアは皆無です。これは高福祉・高負担という言葉に象徴されるように、国民の税金を財源とする「公共福祉」なので、教育を受けた質の高いケアが専門職でカバーされていて、ボランティアが入る余地はありません。しかし、ケアスタッフは、身体介護や家事援助を専門職として行っても、人々の心のケアまでは手が行き届かないのが現状です。そのような人道的なサポートにボランティアが活躍しています。また、高齢者による高齢者の生活の向上を求める組織などにも活発な参加がみられます。

デンマーク人は、二人寄れば「協会」が発足するといわれるように、現在では大小一〇〇～二〇〇団体が存在しています。余力のある市民が自分の意見をよりよい社会形成に役立てるために、何かにつけて団結し、協力して物事を考え、策をとることを好み、同じ目的をもつ連帯感で成り立っています。

●市議会議員もボランティア

「市議会議員の手当て？　月に一万一〇〇〇クローネ（約二二万円）よ。そのうち半分は納税するし、さらに党費も支払う」、とギッテは「議員の手当てでは生活はできない」と笑って答えてくれました。そう、この金額は一カ月分の失業手当より低い額なのです。

ギッテは続けて「この手当ては私が委員会の役職についているためで、役職のない議員はまったく手当てなしよ。お金を稼ごうと思ったら議員職はだめね。私は自分の町が好きで町づくりの決定に参加したいし、それに情熱をかけているのよ」と、熱く語ってくれました。

ギッテが議員を務める町は首都コペンハーゲンから一〇キロ西にあり、人口二万一〇〇〇人のベッドタウン・グルーストロップ市です。若いころから社会国民党の党員として活動し、その後、二〇〇二年の市議選に出馬して当選しました。

デンマークの市議会は市長だけがフルタイムで市政にあたり、市の人口に比例した給料が支払われます。あとの議員のほとんどが自分の職業をもっているので議会を含む委員会は仕事が終わった夜に開かれます。議員は基本的にボランティア参加ですが、ギッテのように委員会の委員長や役職に就くとわずかながら手当てがつきます。

ギッテの住む、グルーストロップ市議会は一七名の議員で構成されていて、ギッテは青少年委員会の委員長を務め、その他に環境、文化、産業の各委員会に属しています。市政についやす時間は、毎月第二週の水曜日一八時から開かれる議会と一週間に最低三種類の委員会への出席があり、各ミーティングは二時間から五時間ほどかかります。またタウンミーティングなどに参加したり、市議会の議題についての勉強や準備などにも時間をついやしているので、合計すれば結構な時間が市政のために使われているようです。

ギッテは日常、自宅から二〇キロ西に位置するロスキレ市の高齢者ケアセンターで施設長として、週三七時間のフルタイムで勤務しています。この高齢者ケアセンターは入居者四八名のほかにデイセンターの機能もあり、ロスキレ市のなかでも大型のケアセンターです。ギッテはこのセンターの経営責任を負い、市政を担い、さらに家庭があって、まさにスーパーウーマンです。

ギッテが市政に興味をもったのは、「確か一九八〇年代のなかごろかしら。最初の子どもが生まれ、次世代の社会はどうあるべきかを真剣に考えたの」と二十数年前の気持ちの変化を話してくれました。そしていま、「自分の町の発展に影響をおよぼすことができて、すごく楽しい。女性が政治に参加することは意味深いと思う」と、自らの意見が市政に反映されているよろこびを話してくれました。

ギッテの職業はケアセンター長、自由時間は市議会議員

●高齢者のためのNGO「エルダーセイン」

定年後、職場の組織を離れて一個人に戻ったときに、自分に降りかかるかも知れない社会的な問題や人生の不安を個人で解決することはたやすいことばかりではありません。

NGO団体「エルダーセイン（Ældre Sagen）」は、そんな弱い高齢者の味方として、多彩なコンサルティング活動や情報提供を通して、高齢者が安心して意味ある人生を送ることができるように活動しています。現在五一万人の会員数で、この数はデンマークの五〇歳以上の人口の二六％にあたり、小さなデンマークとしては大型のNGOです。すでに知名度としては「赤十字」と同じように誰でも知っている協会で、本部は首都コペンハーゲンにあり、司法・心理医・精神医・認知症・老年医などの専門家を含む一〇〇人のスタッフが雇用され、多方面の高齢者の問題に取り組んでいます。政治的にはニュートラルですが、国会や自治体の高齢者政策に対してロビー活動もさかんに行い、高齢者の議題に関して常にウオッチし、苦情や提案を政治に反映させています。

たとえば、在宅ケアは継続性や人道的観点からみて同じスタッフが一人のクライアントを担当するのが適切だという自治体の決定なのに、ケアワーカーの病欠や休暇でめまぐるしく担当が代わり、在宅ケアを受けていたある高齢者が「ケアワーカーが絶えず代わって顔見知りになる暇もない」と苦情が出たケースがあります。このようなケースは非人道的としてよくメディアでニュースとして取り上げられ、「エルダーセインは事態をどのようにみているのか」と見解が取材され、「同じケアスタッフが担当するように自治体にプレッシャーをかける」というようなコメントをよく耳にします。

エルダーセインを簡単にいえば、「高齢者の強い味方」です。とくに毎年発行される『知って得』という本は、五五〇ページにのぼる厚い本で、社会制度やサービスをくまなく記載してあり、大変ていねいに編集されている社会福祉制度の情報本です。

しかし、会員はエルダーセインにサービスを提供してもらうという受身的な姿勢ではありません。会員一人ひとりも高齢者として、「よいアイデア」「困ったこと」「いやなこと」など、意見や考えを表明し、問題提起をする役割も担っています。黙っていないで、一人ひとりが意見や提案をすることで意識が高まり社会的変化につながっていきます。

そもそも一九一〇年に「さびしい老人の保護」というボランティア団体から出発した活動は、一〇〇年経った現在「人生の自己決定の権利」を守り、「活動的で意味ある人生の形成」をめざし、「年齢に関係なく活発な社会生活」を送ること、などのビジョンを掲げる大きな組織に発展しました。

全国的には二二〇の地区支部があり、それぞれの地区で相談事業・食事会・お茶会など、人道的な活動に一万人のボランティアたちが参加していますが、そのうちの五六〇〇人が「訪問の友」として、孤独な老人を訪問し、ひと時を過ごす活動をしています。

●人が好き、だから「訪問の友」

「私はまず人が好き、そして人のために役に立つのが好きなのね」と話すのはエルダーセインのブロンビュー支部で「訪問の友」をアレンジしているリス・ニールセンです。

ブロンビュー市は首都コペンハーゲンの近郊八キロにあり、人口三万五〇〇〇人の自治体で、現在は一〇〇名がエルダーセインのボランティアとして参加していますが、そのうちの四七名が「訪問の友」としてほぼ同数の高齢者を訪問しています。

リス・ニールセンは今年六七歳で、七年前まで高齢者の在宅ケアのチーフとして働いていました。六〇歳で退職後、二年間は長い就労期の息抜きと称してぶらぶらしていましたが、知り合いのエルダーセインのメンバーから「訪問の友」をコーディネイトするボランティアにどうか、と誘われたのがきっかけで現在に至っています。「私たちが現在いい高齢期を過ごせるのは今の老人たちが働いて納税してくれたおかげでしょう。だから何か役にたたないと…」と動機を話してくれました。一般に一人暮らしのお年寄りは孤独だと思われがちです。とくにデンマークでは一八歳の成人に達する年齢あたりから子どもたちは親元から独立し、実家に短期間滞在することはあっても二世代や三世代で同居することはありません。

子どもが独立した後は、配偶者とともに歳を重ねていきますが、どちらかが欠けても子どもと同居することなく自立した生活を継続します。こんな一人住まいの高齢者を日本人が訪ねると「お一人でさびしくありませんか」と聞きたくなります。どうも日本的な家族制度を考えると一

「訪問の友」のリーダー、リス

緒に住む家族がいないかわいそうな人だと思ってしまうのでしょう。では、デンマークの一人暮らしのお年寄りは本当に孤独でさびしい生活をしているのでしょうか。

デンマーク老人研究所では二〇〇二年に五二歳から八二歳の約八〇〇〇人に「加齢と孤独」についての対面調査を実施しました。二〇〇四年にその調査結果が発表されましたが、それによると、五二～六二歳の三％、六七～七二歳は四％、七七～八二歳は五％が孤独を感じています。

若年層と高齢者は二％の差がありますが、全体としては年齢が孤独を感じさせることは少ないといえます。調査では孤独に陥る要因として、住宅環境が大きく、とくにアパート住まいの高齢者は出不精になることが孤独を招くことと、長く連れ添った配偶者との死別で孤独を感じることを挙げています。

「訪問の友」の希望は本人から直接連絡がくる場合もあれば、在宅ケアのスタッフからの連絡とさまざまですが、連絡を受けた後にリスがまず本人を訪問します。本人と話すことによって「話し相手がほしいのか」「散歩につきあってほしいのか」「買い物につきあってほしいのか」がわかり、この人には誰が「訪問の友」として適任かを探ることができます。

また、「訪問の友」としてボランティアをする人は、守らなくてはならないルールを講習会で学んで任務につきます。とくに金銭のトラブルはあってはならないことです。そこで銀行にお金を引き出すのに同伴するときは、銀行の外で待っていることを約束ごとにしています。「訪問の友」として活躍している人たちの集まりも年に数回開かれ、仲間同士でくつろぐ時間を楽しむことができます。リスは「訪問の友は一週間に一度の頻度で訪問するけれど、それが利用者の生きる活力ともなり、ライフクオリティーを高める効果もあります。同時に私たちも得るものがたくさんあります。だから続けているのでしょうね」と満足そうに微笑んでいました。

●「訪問の友」はベストフレンド

イースター休暇もあけたある日、以前からリスに頼んであった「訪問の友」の活動に同行させてもらった日のことです。

「私たちはとても気が合うのよね」とキティーがボーディルの肩を抱き、大きな笑顔をボーディルに向けるとボーディルはうれしそうに「そのとおりよ」と相槌をうっています。キティーはボーディルの「訪問の友」で、リスがアレンジした「訪問する・してもらう」カップルです。

その日、私は約束した午後二時にボーディルの住むアパートに到着し、ドアのベルを押して訪問を告げました。

私は「さあ、どういう人との出会いがあるかしら」と胸をわくわくさせてドアが開けられるのを待っていました。ドアを開けてくれたのは歩行器に身を委ねたボーディル自身で、「まあ、よくきたわね。さあ、入って！」と明るい声でなかに招いてくれました。居間には私より前に到着していた「訪問の友」のキティーがコーヒーカップをテーブルにセットしているところでした。二人はコーヒーをいれ、ケーキを用意して私の訪問を待っていてくれたようです。私はキティーにあいさつし、勧められた椅子に腰をおろしました。

ボーディルは八六歳で、足腰が悪く歩行が困難なために外出もままなりません。室内でも歩行器に頼って移動しています。以前に軽い脳梗塞を患い、言葉がすこし不自由なようです。家族は五五歳になる息子がいますが、遠方に住んでいるために二週間に一度会える程度です。息子はボーディルを訪問した際には重たいものの買い物をしたり、書類に目を通してくれます。日常生活は月曜日と水曜日にホームヘルパーの訪問があり、ボーティルのできないことをサポートしてくれます。その他、足の具合を看に一カ月半おきに訪問看護師もきてくれます。彼女は「私はみんなに守られて、何の心配もないわ」と言いますが、外出だけがままならないようです。

もちろん、歩行器を利用すれば外出もできるのですが、ボーディルは外出自体をあまり好みません。アパートは旧式のアパートでエレベーターの設備がないことから、「それでは高齢者住宅に引越されるのはどうですか」と市役所の提案もありましたが、住み慣れたアパートからほかに引越す気持ちはまったくありません。

そこでホームヘルパーがボーディルに「訪問の友」を紹介し、四カ月前にキティーとの出会いにつながりました。キティーは七一歳。四年前に夫をなくし、やはり一人暮らしをしています。

「ボーディルとの時間は私自身のなぐさめにもなるし、人生の先輩のお話を聞くのはとても興味深いのよ。話はつきないわ」と、気が合う友人を得たよろこびが伝わってきました。「訪問日は便宜上、一応水曜日と決めているけれど、都合が悪ければ電話で他の日にうつすのよ」とキテ

「一緒にいる時間は楽しい」と心温まるひと時

ィーがいえば、隣でボーディルが「会う日をいつも楽しみにしているわ」と満面の笑みをキティーにおくっていました。

三、高齢者の声の反映「高齢者委員会」

●委員は全員ボランティア

デンマーク人は、とかく自分ぬきで物事が決定されることを好まない国民です。一九七三年にEEC（ヨーロッパ経済共同体＝EUの前身）に加盟したのも、「ヨーロッパ内の決定には同じテーブルに座って決定に参加したい」と自分たちの意見を反映する目的もありました。同じように、自分が住んで歳をとっていく町の高齢者政策もおおいに気になります。ここでも「私たちぬきで物事を決定されてはたまらない、一緒に考えさせて」と、自治体の高齢者政策に高齢者の市民が参加しています。物事が変わるのを傍観者として黙ってながめているような無責任な態度はデンマーク人に似合いません。頭を突っ込み、意見を述べ、連携して考えて物事を変えていく、これもデンマーク独特の民主主義の形なのです。

デンマークでは一九九七年に施行された法律により、全国九八の自治体に「高齢者政策は高齢者にお伺いをたてる」機関として高齢者委員会が設置されています。委員会のメンバーは四年に一度の直接選挙で選出され、六〇歳以上の市民に選挙権および被選挙権があります。選出人数は自治体の規模によって異なりますが最低人数は五名で、八万人の人口の中堅都市を例にあげれば一五名で構成されています。

高齢者委員会は自治体の諮問機関で高齢者政策全般に関してアドバイスをし、行政は高齢者分野に関する問題を決定する際、政策決定前に委員会の意見を聞く義務があります。

委員会は毎月一回の定例会議をもち、次回の市議会で議題となることについて検討します。検討の結果、高齢者委員会としての意見がある場合は、文書で意見を提出します。しかし、市議会での発言や議会の決定過程には参加することはできません。

高齢者委員会の一番の関心事は、自分たちの住む自治体での高齢者政策ですが、その他にも自治体の文化、教育、交通問題にも意見を述べることができます。たとえば、住宅問題でいえば、高齢者住宅の建設に関してエレベーターの位置が設計上好ましくない場合、交通面でいえば、各高齢者施設を循環するサービスバスの路線を拡張する提案などです。現在、多くの自治体で数年前に経費削減を理由にナーシングホームでの食事の調理を廃止し、ケータリングサービス会社に切り替えたことに対して異議を唱え、ナーシングホーム内での調理を復活させることに取り組んでいます。ケータリングサービス会社の提供する料理はいわゆる「工場食」で、調理室の忙しさや料理の匂いも感じられません。とくに調理の匂いは食欲を呼ぶ大事な要素であると、調理をホーム内に取り戻す運動に長期戦で取り組む構えです。

高齢者委員会は行政の政策に「対抗や反対する」機関ではありません。高齢者委員会の目的は高齢者自身が自分の住む地域の高齢者問題を考え、政策に意見を反映させることをねらいとしており、いわば行政と市民のパイプ役といえます。

高齢者委員会の組織には苦情委員会、全国高齢者委員会、シニア情報紙の編集などがありますが、選出された委員がそれぞれの委員会を分担して運営しています。全国高齢者委員会は九八の自治体の代表が集まり、全国的な課題を収集・検討します。委員はまた、高齢者ケアセンターと密接な関係をもち、現状把握や意見交換をしてセンターの希望および課題に耳を傾け、行政への意見文書をまとめます。

「高齢者はもっと一人ひとりが自分の考えを主張すべきです。そうしないと高齢者がひとりの人間として尊重されず、『高齢者』というひとくくりでまとめて考えられてしまうでしょう」と、ロスキレ市高齢者委員会の委員長キャステン・フェルトは静かに話しはじめました。「社会の発展のためには、高齢者を多種多様な人間であると認識することが重要だと思います。高齢者はもって生まれたちがいとともに、長い人生でいろいろな体験をしています。高齢者のことを高齢者自身が考えることは意味深いことだと思います」。

そして委員たちは、「自分が住んで歳をとっていく街の高齢者政策に一石を投じたい」というのが高齢者委員会への参加のほとんどの理由です。町に対する「共存の精神」と「共同責任」がはっきり市民に浸透しているといえます。集会場となる場所は自治体から提供され、運営費は自

高齢者委員会主催の市民のつどい、市長（壇上左から二人目）も参加

治体の大きさによっても異なりますが、ロスキレ市では、年間、七万クローネ（一六一万円）の予算が運営費としておりてきます。委員は無報酬ですが、二〇〇七年より移動の交通費などを考慮して一人年間約三〇〇〇クローネ（約七万円）の手当てが自治体から支給されるようになりました。

デンマークの高齢者福祉は、一九八〇年の後半に施設ケアから在宅ケアに移行しました。そのため、大型ケア施設に代わり、小規模のテラスハウスのような高齢者住宅が地域に多く建設されるようになって、介護・看護が市民に身近な存在になりました。同時に定年を迎える高齢者のタイプも変化しています。彼らは男女とも労働市場で活躍し、退職後の人生設計をもち、自分の意見をはっきりと発言する世代になっています。デンマークは世界的にも福祉大国として知られていますが、デンマーク人からみれば「改善するべきところは大いにあり」と常に試行錯誤しています。「高齢者は快適な住宅に住んでいるのか、介護・看護はニーズにあっているのか、食事は満足なのか、孤独な高齢者はいないのか」など、常にウオッチしています。行政と市民は、連携プレーによって真の「住みやすい町づくり」と「安心した老後」を築き上げることを目標に知恵を出し合っています。

●高齢者委員会の歴史―ロスキレ市の例

一九九七年に高齢者委員会の設置が法律で決められる以前から、多くの自治体で前身的な組織や活動がみられ、首都コペンハーゲンから西に三五キロの位置にあるロスキレ市でもかなり早い時点で活動がはじまっていました。

現在のロスキレ市高齢者委員会会長キャステン・フェルトさんは、早くから「高齢者による高齢者のための委員会」の設置を提案していたひとりです。彼女の職業はカメラマンでしたが、市議会政治に強い興味をもち、長期にわたりロスキレ市市議会議員を務めていました。そして一九八〇年代に社会委員長を務めていた時期に、「学校や保育園には『学校理事会』や『保護者会』があり、職員と保護者が運営して諸問題を検討できるのに、高齢者自身の意見反映の場がない」ことに疑問をもちました。そこでキャステン・フェルトさんの呼びかけにより、高齢者問題を考えるグループが結成され、ロスキレ市の高齢者委員会が誕生しました。

当時のグループは年金受給者（高齢者市民―六七歳以上の全国民は老年年金が支給されている）、社会委員会に関係している議員三名、高齢者分野の仕事に携わる代表者などで構成され、定例会で話し合った内容を文書で社会局に提出する活動を行っていました。しかし、当時はまだ、議員、高齢者分野の専門家、そして一般市民の年金受給者との間に距離があり、高齢者自身が自由に発言していないことに気づきました。一九九〇年代には、この活動が全国に波及し、当時の二七五自治体のうち、二〇〇の自治体（二〇〇七年一月の行政改革により、現在は九八自治体に）がすでに自主的に高齢者委員会を設置していましたが、ロスキレ市では一九九四年に議員と高齢者分野からの代表を除き、年金受給者（高齢者）だけの集まりに改革され、一九九七年の法律化に至りました。

　このように試行錯誤を重ねながらも「高齢者による高齢者のための委員会」が誕生し、現在では市の重要な諮問機関として活動しています。

ロスキレ市高齢者委員会のメンバー、委員は全員ボランティア

3章 デンマークの高齢者福祉

骨折したロバート（99歳）、自宅での生活を目的にリハビリ

一、高齢者福祉―日本とデンマーク

●どうすればいい、父の発病

私がデンマークの高齢者福祉に興味を抱くようになったそもそものきっかけは、二四年前に一〇年間の闘病生活の末に他界した父にあります。父は五九歳で脳血栓をおこし、その日を境に半身不随と言語障害をもつ障害者となり、家族の生活は一変してしまいました。私たちは「誰が介護して、生活費はどうするのか」など現実的な問題に直面して、日本の福祉政策の貧しさを実感しました。そしてその経験は、「母には安心して歳をとってほしい」という願いとなり、それがデンマークの福祉政策をより知りたいという気持ちをかりたてました。

それは三三年前の話ですが、実家からの突然の電話で「お父さんが倒れた！」というショッキングな知らせが舞い込んできました。当時日本とデンマークの電話交信は「国際電話」と呼ばれ、特別な目的がなければ普段利用することはありませんでしたから、母の声がなつかしいというより、とっさに「何か起きた」という大きな不安を感じました。

案の定、「父が脳血栓をおこし入院した」と、動揺を隠せない母のうわずった声が受話器に飛び込んできました。まず父は一般の病院に入院し、急性期の治療が終わると脳卒中患者専門のリハビリ病院で軽いリハビリを受けていましたが、認知力・体力も減退し、とても職場復帰など望めない状態でした。

エンジニアだった父は組織のなかで働くのが苦手で、小さな自動車部品をつくる町工場を経営していました。ところが病気にみまわれる数年前に、事業の失敗からお金の工面に奔走することになり、ついに持ち家を売却する不幸を味わい、その傷もまだ十分に癒えていなかった矢先に病気に見舞われてしまいました。当時の実家の家計は持ち家を売却したことで借金はなくなったものの、父は知り合いを頼って働かせてもらっていて、収入はわずかだったようです。母も長いあいだ「おとうさんについていく」専業主婦でしたが、父の事業が倒産した後は家計の足しにと働きはじめていました。裕福とはいえませんが、そこには安定した幸せがありました。父も「リタイヤしたらデンマークに行く」ことを楽しみにして、わずかな額でしたが、デンマーク行きの定期預金も始めていたようです。母が五一歳、妹は勤めていましたが弟はまだ大学生でした。

その当時、私の息子たちは五歳と二歳で年に二度は東京に帰っていました。「エッ！　年に二度も？」とおどろく声が聞こえてくるようですが、実は夫の仕事の関係で、日本との頻繁な往復が可能だっただけで、決して余裕があっての帰国ではありません。それに他の同年輩のデンマーク人女性のほとんどがキャリアを積みつつあるなか、私はデンマークではめずらしい「主婦」だったのですから。

●日本の介護は制度が中心

父が発病した当時はまだ介護保険が誕生する前のことで介護・看護の石器時代であり、市役所の「福祉課」に相談することは「恥」とみなされていた時代です。私の目の前には、「家計を担う者が倒れた場合、誰が家計を支え、誰が障害をもつ父を看護し、これからどうすれば母、妹、弟が暮らしていけるのか」と、たくさんの問題がのしかかり、まさに「お先真っ暗」という絶体絶命の状態におちいりました。「リタイアしたらデンマークに行く」ことなどは「夢のまた夢」になってしまいました。

母は生活を続けるために仕事を継続しなくてはなりません。私は「福祉課に相談なんて恥」という周囲の目を無視して市役所に相談にいきました。当時、日本の行政は聞いていた通り相談者が「頭を下げ、お願いする」雰囲気に包まれていましたが、それにひるんでいては何も始まりません。市役所でときには頭を下げ、ときにはサービスの悪さをなじり、何とか家族に代わって父を介護・看護してくれる場所を探してくれるようにお願いしました。

私がなかなかあきらめないのを悟ってか、「実は三市共同でオープンする特別養護老人ホームがあるのですが、入所資格年齢が六〇歳以上なのですよ。あなたのお父さんはまだ五九歳でしょう。該当しません」と伝えられました。

この情報は市役所が「あなたの問題を一生懸命考えているのですが、しかし」という、言い訳に聞こえ、結果的に入れないのならホームの情報をもらってもどうしようもないではないか、と苛立ちを覚えましたが、私はあきらめず「一歳のちがいで入れないのはおかしい」と切実な思いを訴えました。それが功を奏したのか、私の攻勢に負けたのかは不明ですが、父は六〇歳以上という条件を満たさずに特別養護老人ホームの四人部屋に「入所」することができ、ベッドひとつとサイドボードが彼の日常の居住場所となりました。父は幸いにもホームでの生活を「安心して暮らせる場所」として満足していましたが、私には「ベッドスペースのみが自分の居場所」である日本のホームは、人間の尊厳から視ても、また人生の終の住みかとしても受け入れることができませんでした。

母は毎日のように勤め帰りにホームに立ち寄っては、父の心のケアに努めていました。私たち家族とホームは「看てもらう・看てあげる」という関係で、父が快適に日常生活を継続するためには常に「感謝するのみ」の姿勢を持ち続けていることが必要とされました。

私は父の闘病生活をみていて、「ああ、デンマークなら」と思わずにいられない立場や場面がたくさんありました。父が病院に入院すれば医療費が発生します。長引けば医療費の負担は増加し、そうかといって途中で治療を止めるわけにもいきません。家計の財布の中身と父の治療がいつも葛藤していました。いったん医療処置が終わり、自宅に帰ってくればもう誰も心配してくれません。障害をもち、今まで通りに生活ができなくなっても公共の援助の手はそう簡単にはさしのべられず、それは各家庭で乗り越える問題とされていました。

一方、デンマークでは医療は開業医の診療から病院へ入院するまで、すべて無料ですし、介護・看護はヘルパーや訪問看護が支えてくれます。障害を支えるための補助器具が作業療法士の判断で貸し出され、昼間はリハビリもかねてデイホームで過ごすことも可能です。健康な配偶者は何の心配もなく自分の生活のペースを守っていくことができます。この二つの国を比べてみても、基本的な政策の相違があってどうすることもできませんが、海外に住む者の常としてどうしても比較してしまい、その度にジレンマに落ち込むのでした。

とにかく、当時の日本には福祉制度は「誰のために、いつ、どのようにして」という基本的な理念が整備されていませんでした。そのために、行政のスタッフはマニュアルにそった「制度中心」的な対応しかできなかったのかも知れません。この父の闘病生活を看てもっと日本に海外事情の多くを知ってほしい、という思いがつのりました。それは私のなかに以前にも増してデンマークの社会政策に関心をもたせ、人々の生活や考え方を知りたいという、いわば私のライフワークとしての意欲につながったのです。

日本では二〇〇一年に介護保険が導入され、現在では病気や加齢で心身に障害をもってしまった場合は、それなりの援助が確保できました。しかし、まだ「一人ひとりのニーズ」を考慮した援助には程遠く、手放しで安心して老後を迎えることができる環境ではないと思います。

●安心して歳をとれる条件

老いは好むと好まざるとにかかわらず、生きている限り誰にでもやってきます。そして誰もが安心した老後であってほしいと願っています。私たちが安心した老後を過ごすには、「体」と「心」の健康とともに「経済的な安定」といった三つの条件が大きな鍵となります。長い勤労生活から解放されたくても、収入源が途絶えてしまうとなれば、おちおち退職することもできません。

あるとき、日本からの高齢者福祉視察団がデンマークの七〇歳後半の男性の自宅を訪問したときの話です。その男性は妻に先立たれた後も子どもと同居しないで（デンマーク人の常識ですが…）一人暮らしをしていましたが、それを聞いた日本の訪問者は「歳をとることに不安はありませんか」とたずねました。その質問の背景には「病気になったらどうする？　生活費は？　介護が必要になったら？」と、さぞかし一人暮らしでは心配の種がたくさんあると察しての質問なのでしょう。男性は、日本人の思惑とはうらはらに「歳をとることはうれしいことではないが、歳をとらないのも困ったものだ」と、人間生きていれば歳をとるのがあたりまえと答えました。こんな余裕のある答えができるのは「落ちこぼれる人があってはならない」という国のセイフティーネットがあり、「安心した老後」が保障されているという裏づけがあるからです。

デンマークの場合、医療は公的医療が支え、国民は病気になったときの財源をせっせと貯蓄する必要がありません。私たちには自分で決めたホームドクターがいて、そのホームドクターが私たちの医療のすべての窓口になっています。ホームドクターは患者を診察したあと、薬の処方箋を出したり、専門医を紹介したり、あるいは即入院が必要と判断した場合は入院の手配をします。患者が直接病院に行くのは、各病院にある救急病棟に駆けつけるか、救急車で乗り込むか、または入院患者を見舞うときだけです。

「心」の健康は、一人ひとりが歩んできた人生に大きく左右されます。「愛」を与えることができなかった人は「愛」を得ることも期待できないでしょう。また人に「微笑む」ことができなかった人は「微笑み」を受けることもできません。「子どもや孫が寄り付かない」と心さびしい思いをしている人はもう一度、自分の胸に手をあてて「子どもや孫と向かい合ってきたか」と考えてみてください。また、自分で物事を考え判断できる精神的な自立が子ども時代から育まれているかも、「心」の健康の大きなポイントです。

「経済的な安定」は公的国民年金によって保障されています。日本は保険システムを選択しましたが、デンマークは税金を財源としたシステムを選びました。ここでは複雑な年金システムを紹介するつもりはありませんが、一言でいえばデンマークは「見捨てられる人があってはならない」という社会的合意があり、「ない人には、分かち」「ある人は、分ける」というコンセンサスが成り立っています。

国民年金はデンマークに住んでいるすべての国民が、文化的かつ健全な高齢期を過ごすために設けられていますが、それはデンマーク国籍の者だけに限らず、私のような外国籍の者にまで配慮されています。外国籍の者はデンマークに一五歳から六五歳の間に最低一〇年間デンマークに居住し、そのうちの五年は、年金受給期直前にデンマークに居住している、という条件が満たされれば国民年金を受ける「権利」があります。

ただし、国民年金の満額支給は、国籍にかかわらずデンマークに一五歳から六五歳の間に四〇年間居住していることが条件です。居住年数がこれに満たない場合は、四〇年間に対して何年居住していたかの比率で算出されます。

年金の月額は、独身の場合（二〇〇八年）一万〇二二六クローネ（二三万五一九八円）で、既婚の場合七四九二クローネ（一七万二三一六円）ですが、これはまったく他からの収入がない人が受給できる満額で他の収入がある場合は減額されます。

年金は納税義務があり、国民年金だけの収入の人でもこのうち三〇％内外を納税します。「国から給付を受けて、そこから税金を支払う」ことは無駄のように見えますが、これは市民としての権利と義務の関係を平等に遂行している結果です。

二〇〇八年現在、デンマークの六五歳以上の人口は八五万三四三一人で、そのうち国民年金受給者は八四万人です。また、そのうちの六四万人は労働収入や企業年金（労働市場年金）など国民年金以外にも収入がありますが、残りの二〇万人は国民年金だけの収入で生活しています。このグループの人たちは、デンマーク社会で低所得者とされる人たちで、国民年金が満額支給されると同時に、通称「高齢者小切手」と呼ばれる年金補足給付を年額七八〇〇クローネ（一七万九四〇〇円）受け取ることができます。

それだけではありません。収入源が国民年金だけの高齢者は、自治体に暖房費援助、眼鏡、補聴器、薬品への補助金または無料支給を申し込むことができます。これでデンマークでは「すべての人が、文化的でかつ健全な生活」が可能になります。ちょっと表現が複雑ですが、「ありすぎる人も少ないが、少なすぎる人も少ない」というのがデンマーク社会なのです。

二、デンマーク人の価値観

●できる限り自分の生活は自分で

誰もが長い人生の過程でときおり立ち止まって、「幸せか」「満足な人生か」と、ふと考えるときがあります。もし、その人生が「自分で考え、判断し、決定」してきた人生ならば、どんな生活スタイルや生活レベルにしろ、その人は「幸せです。満足な人生です」と答えるのではないでしょうか。

他人の尺度でＱＯＬの高い・低いを決めるのではなく、その人が自己決定によって「その人らしい」人生を送ることができるかどうかが大事なのです。これが本書の冒頭で述べたデンマーク人の大事にしている価値観です。

しかし、自分決定するには社会のなかに多種多様な可能性と選択肢が準備されていなくてはなりません。そしてその選択肢を「どちらがいいか天神様の……」と適当に選ぶのではなく、吟味する力と決定する判断力が十分養われていることが必要なのです。

デンマークでは「私のことを私の同意なしで決定される」ことを好みません。たとえば障害をもつ高齢の親が一人で生活ができなくなったとき、自分の意思とは別に息子や娘の都合に合わせて施設に入居するようなケースは「私らしい」生活が継続できず、親のＱＯＬは低下します。デンマークの場合、介護・看護の援助が必要になった場合は、家族構成や財力に関係なく、個人の意思とニーズでケア計画がたてられます。介護・看護においてもあくまでも本人の意思決定が一番大事な要素なのです。

私はデンマークに住み始めた頃、「人に依存しない」デンマーク人の姿勢がときには頑固にみえて、「もう少し甘えてくれればいいのに」と思ったこともしばしばありました。私たちの夫婦間でも若い妻だったころは、夫が出張する際に「さあ、着替えを準備してあげよう」とすっかり私の役目だと思っていたところ、それは大変なお節介だった、とわかりました。自分の着替えは自分で選んで自分でスーツケースに詰める、そうしないとどこに何があるかわからない、というのが理由で後から考えるともっともな話です。

私自身も六〇歳を過ぎた今、体をふらつかせたりしたときにさっと援助の手が出たり、息子に「助けてあげようか」などと言われると、結構自尊心をゆさぶられていることに気がつきました。「できる限り自分の生活は自分で」といっている間は、まだ「咲いている花」なのかも知れません。

●この四〇年の福祉政策の歩み

「自分の生活が自分で賄えないもの、または扶養するものがいない場合は公共の援助を受けることができる」。これはデンマーク自由憲法第八節「国民の権利」第七五条二に定められている文章の一部です。一八四九年、ときの王フレデリック七世はこの自由憲法に調印し、これにより絶対王政制度が崩壊して、デンマークは民主主義に向けて新しい時代を迎えたことになります。

今から約一六〇年前のことですが、以来デンマークはこの自由憲法を基盤にあらゆる政策の基本を「人」を中心に考え、「Demokrati（民主主義）」という言葉を聞かない日はないほどデンマーク国民に浸透しています。デンマークの子どもは誕生祝いに「民主主義」をプレゼントされると言われているほど、デンマーク人が誇りにし、大事に守っているものです。高齢者福祉もこの民主主義を基本として時代ごとに多様な政策決定がされ、国民一人ひとりのライフクオリティーを重視し、文化的な生活を保障すべく改善が重ねられてきました。

私は、一六〇年間をさかのぼってデンマークの福祉の歩みをひも解くつもりはありません。が、デンマークの福祉政策は一夜にして築かれたのではなく、なが〜い歴史を通してデンマーク国民の価値観や生き方が構築され、今日に至っていることを、私たちは知っておかなければなりません。

この一六〇年前の自由憲法が、それ以降のデンマークの福祉の土壌となって根を張っていくわけですが、とりわけ産業が急速に発達した一九六〇年後半から七〇年にかけての女性の急速な労働市場への参画は、社会の構造を大きく変え、福祉行政の真剣な取り組みが求められました。女性の労働力率を時代別にみてみると一九六〇年は四二・五%、一九七〇年は五四%、一九八〇年は六五%、そして一九九〇年は七一%と、女性の労働市場への参画が年毎に増えていることがわかります。多くの主婦が家から外に仕事を求めたことにより、それまで女性が担っていた家庭内での保育と老人の世話が公共事業として委ねられ、自治体は女性が働ける環境づくりとして保育園や高齢者のプライエムを建設しました。プライエムとは「介護（pleje）ホーム(Hjem)」いう意味で介護・看護スタッフが常駐するケア施設です。

その前身として昔から老人ホーム（Alderdomshejm, Old people's home）」がありましたが、どちらかというと身寄りがないお年寄りや社会的に孤立している人の多くが入居していて、介護環境ではありませんでした。老人ホームの設備も個室とはいえ、多くは一〇㎡内外と狭く、その上、トイレやシャワーは廊下にあり、他の入居者と共同使用でした。一方、プライエムの設備は、個室とスタッフ二人が介護に入れる広さをもつバスルーム（トイレとシャワー室）が完備されました。プライエムの発達とともに老人ホームの従来の機能は自然消滅してプライエム化していきますが、設備はとても時代に合うものではありませんでした。現在ある大型プライエムのほとんどは一九六〇年の後半から一九七〇年代に建設されたものです。

同時に社会的援護に関する法も整備され、一九七六年に障害者や高齢者に対するいろいろなサービスがひとつの窓口ですむ「生活支援法」が施行されました。これは児童福祉、障害者福祉、そして高齢者福祉の政策の道しるべになりました。それまでは補助器具なら、その担当の窓口に、

「生活支援法」の説明図、「援助は短距離」で

また住宅問題ならこの窓口と分かれていましたが、それがひとつになり簡素化されました。以後、一九九八年に「社会・サービス法」と名称も改正されましたが、障害者福祉、高齢者福祉の業務はすべてこの法律に準じて行われています。

往々にして高齢者福祉の整備は人口の高齢化が大きな要因となりますが、デンマークの場合、女性の社会進出が機となって大きく発展していったようです。

●高齢者福祉の改革

保育施設、高齢者施設などハード面での整備も急速に進んでいましたが、当時の高齢者サービスの質は十分とは言えず、多くの退職した高齢者は自分の役割がなく、生きがいを失って「受身型」になっている傾向がありました。生きがいをもたず、気力が弱れば病気がちにもなり、結果的には公共サービスを受ける時期を早めることになります。政府は今後の高齢者の将来像を描くために一九七九年に「高齢者医療福祉制度改革委員会」を発足させました。座長には社会改革委員会のアドバイザーで、一九八二年に社会大臣に任命されたベント・ロル・アナセンが任命され、委員は多分野の専門家一六名で構成されました。委員会は一九八〇年、八一年、八二年と答申を発表しています。

高齢者研究委員会のさまざまな提案はその後、ケアの意識改革、高齢者の住居などを含む高齢者政策に大きな影響を及ぼしましたが、その基本理念は「居住場所にかかわらず、介護・看護のニーズによってサービスが提供されなくてはならない」というものでした。「プライエムに住もうが一般住宅に住もうが、ケアの必要な人にケアがいきわたらなくてはならない」という考えと、「できるだけ長く住み慣れた自宅で」というコンセンサスから「二四時間在宅ケア」も整備されていくことになります。

一九八二年には、ケアのあり方を変える「高齢者医療福祉政策三原則」が打ち出され、その考え方は後のデンマーク高齢者ケアの要となり、遠く日本でも知られるようになりました。この政策三原則は、その後の高齢者の存在感や住み方に大きな影響を及ぼしていきます。

その三原則は「歳をとる、ということはその前の人生の延長であり、その日常生活を多様な選択肢から自分で決定し、可能な範囲で自己のもつ機能を利用すべき」という、「継続性」「自己決定」「残存能力の活用」というケアの三つの約束ごとです。

従来、十分なケアをすることが「親切」で、高齢者がまだ十分自分でできることまでケアスタッフがやってあげていましたが、この三原則では、スタッフは高齢者のできない部分だけを援助し、できる資源はそのまま継続して使うことで、高齢者のＱＯＬが高まるというものです。この三原則は、高齢者の「尊厳」とＱＯＬを高める新鮮な考えとしてデンマークの福祉分野で歓迎されました。しかし、ふと気がつくと重介護・看護を要する高齢者はプライエムに入居する以外に住む選択肢がないことが浮き彫りになり、これが一九八七年の「高齢者住宅法」の施行につながっていきます。

●施設意識から住宅意識へ

福祉の豊かな国と聞くと、それは「充実した施設」と同義語として解釈されがちです。それなのに一九八八年、福祉の豊かな国として知られているデンマークで「プライエム新規建設禁止令」が出たことは、「デンマークでは今後老人ホームを建設してはいけないそうだ」と、日本の福祉関係者にちょっとしたセンセーションを巻き起こしました。そして、その理由や目的がくわしく理解されていないなか、それに追い討ちをかけるように「コペンハーゲンの大型プライエム封鎖」のニュースが飛び交い、「とうとうデンマークの福祉も終焉か」とかんちがいする人までいたようです。

それはやっと日本が真剣に高齢化社会対策の取り組みをはじめ、高齢者保健福祉推進一〇カ年戦略「ゴールドプラン」を策定する一年前で、そのゴールドプランでは緊急に特別養護老人ホームやデイ・サービス、ショートステイの整備が叫ばれていたからです。日本で、急速なホーム建設が必要とされていたなか、かたやデンマークでは建設禁止とはいったいどういうことなのでしょうか。

実はこれは、先に述べた高齢者研究委員会のさまざまな新しい考えを実施すべく、高齢者の住宅環境の近代化、高齢者の平等性、高齢者のライフスタイルなど、様々な見地から考えられた結論でした。

一九八八年当時のプライエムは、バスルームが自室にない旧老人ホームタイプと、七〇年代に建築されたプライエムと二種類があり、七〇年代のプライエムの個室でも一二〜三五㎡の小さな部屋で、この生活では、自己決定、継続性、残存能力の三原則を反映させるのは容易ではありませんでした。物理的な条件の悪さは入居者を消極的にさせてしまいます。それに将来の利用者を考えると、ベッドとソファーが一室に納まっている狭い空間では決して満足するわけがありません。少なくとも寝室とリビングの二室が要求されます。

そこで打ち出されたのが「高齢者ならびに障害者住宅法」（略して高齢者住宅法）で、大型ホーム建設禁止令が出る一年前の一九八七年六月一〇日に施行されました。この高齢者住宅法に基づく住宅はプライエムの一人一室に比べ、寝室とリビングの二部屋を設備し、バリアフリーで室内を車椅子で移動することが可能です。また、トイレ・シャワールームはケアスタッフが入っても自由に作業ができるように広いスペースがとってあります。部屋の隅には冷蔵庫付きのミニキッチンもあり、共同施設の配分を含めて六七㎡以内の住宅です。

住宅タイプはテラスハウス型が多く、身体的な障害をもち、歩行が困難とか車椅子利用で移動に不都合な家に住んでいるとか、また車椅子利用に住宅改造が無理なケースに提供される住宅で、障害にやさしい住宅に住むことによって障害をもっても活発な日常生活を送ることができ、重介護対象者になることを防ぐことにつながります。高齢者住宅にはケアスタッフの常駐はなく、必要な場合は一般の住宅と同じように、管轄の在宅ケアステーションからスタッフが派遣されてきます。

高齢者住宅法は施設主義を排除し、「どこに住もうがサービスは介護・看護のニーズによって

1976年に建ったプライエム・ベアナドッテゴーデン、いまでも十分モダンな建物

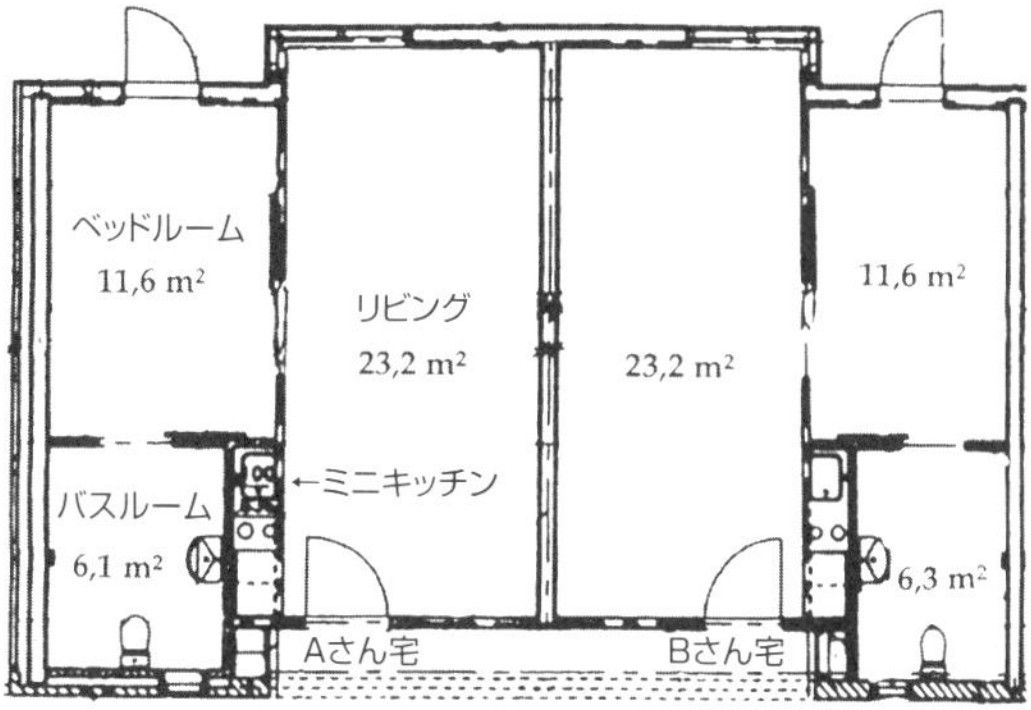

一般的な高齢者住宅の間取り（2戸用）

給付される」という基本的な考え方にたっており、入居者は賃貸契約をして完全な個人の住居に住むことができます。

では、プライエムはどのような役割になったのでしょうか。

大型のプライエムの多くは一九六〇年後半から一九七〇年にかけて建築され、一人一室で平均二〇㎡の広さがあり、車椅子で十分利用できるトイレ・シャワー室を完備しています。しかし、それ以前に造られたプライエムは自室にトイレ・シャワーの設備がなく、共同で使うトイレやシャワー室が廊下に設備されています。部屋も八〜一二㎡の狭さで、そこにベッドとソファーがあるだけです。それは現代または、将来の利用者にとって、とても受け入れることができない生活条件です。

当時、重介護・看護が必要な高齢者に必要性の判定がおりてプライエムに入居すると、入居者の年金は自治体管理となり、介護・看護はもちろんのこと、三度の食事からおやつ、そして散髪・パーマまで無料で受けていました。そして本人には七五〇クローネ（一万七二五〇円）ほどの小遣いが出て「タバコや週刊誌」を売店で買うことができました。スタッフが生活のす

1987年	1990年	1994年	1998年	2002年	2004年	2006年
173178	188406	202325	206428	216582	218365	224511
46566	42321	36169	32980	26037	20726	15425
6595	6315	5257	4670	3926	3413	2870
3356	7305	17907	27184	40432	47326	58292
59039	55941	59333	64834	70395	71465	76586

(Danish Rational Economic Agents Model)より

べてを看てくれることは一見、安心な生活のようですが、個人のアイデンティティーもなく、消極的な生活になり、自分で自分の生活を決定しているとは言いがたいものでした。

この当時、プライエムを訪問した日本からの訪問者は「いいですね。全部無料ですか。そのうえ、小遣いももらえるとは」とうらやんでさえいましたが、考えてみればそれまでの人生では自分の財布は自分で管理していただろうし、プライエムの外に住んでいる高齢者は年金が手元に下りてきて、施設に住む高齢者は一律の小遣いだけでは不平等です。

このような自室にトイレ・シャワーの設備がないプライエムが一九九九年の調べでは全国に一万三〇〇〇室あり、高齢者住宅法に基づいて多くの旧タイプのプライエムが高齢者住宅として建て替えられたり、二室を一人用に改築されてきました。そのため、当然数が少なくなり、高齢者住宅法は一九九六年に介護住宅法と改正され、重介護・看護が必要な高齢者のために介護・看護スタッフが常駐している「介護住宅」が建設されるようになりました。介護住宅は高齢者住宅と同様、ベッドとリビ

1972年から2006年のプライエム、ケア付き住宅および高齢者住宅数の変化

介護住宅の数 1972年ー2006年	1972年	1976年	1980年	1984年
80歳以上の人口	107240	123840	142281	159726
プライエムの室数	41877	44629	46950	47725
ケア付き住宅の戸数		1992	4415	5814
高齢者住宅&プライボーリー戸数			2721	3079
プライエム、ケア付き住宅、高齢者住宅&プライボーリーの総数	41877	46621	51365	56621

出典：Hjemmehjælp-mellem byter og virkelighed 及び2006年の数字はDREAM

ングの二室のアパートであり、賃貸形式で、多くの場合いくつかのアパートが広い共同リビングの周囲にあり、ドアを開ければケアスタッフがいる、という環境です。このタイプが、現在重介護・看護の必要な高齢者の一番新しいタイプの住環境です。

三、援助が必要になったとき

●自立のための補助器具

デンマークの在宅ケアを支えるのは主にホームヘルパーと訪問看護師ですが、実は「補助器具」も大事な生活のパートナーです。

ごく一般的なのは杖や歩行器ですが、重度障害をもっている人なら、天井にレールをつけて寝室からバスルームまで移動できるリフトや、利用目的に応じた車椅子などがあり、各自治体の補助器具センターから無料で貸し出されています。

私はこのように補助器具をたくさん支給されて生活している人を訪問する度に、二四年前に亡くなった私の父のことを思い出します。父は脳血栓で片方の手足が麻痺し、そのうえ軽い言語障害もおこしていました。亡くなるまでの一〇年間を不自由な体で生活していましたが、当時の日本は障害をもった人への支援は少なく、私たち家族の知識といったら、せいぜい杖とスタンダードの車椅子という乏しさでした。私たちは父が立つ、歩く、食べるなどの日常行為に対して「さっと、手を貸す」ことが父に対する最高の親切だと思っていました。まだそろそろと自力で歩くことができたころは、転ばないように母がズボンのベルトを後ろで支えて付き添っていました。父の不自由な口元から「情けないなぁ」というつぶやきを聞くたびに、いたたまれない思いを感じていました。

それから何年も経ったいま、さすがに日本人で補助器具を知らない人は稀になりました。日本でもかなりの規模で「福祉器具フェア」が開かれているためか、日本人の補助器具に関する知識も増しているようです。日本から福祉施設の視察にくる人も、デンマークで紹介される補助器具に対して「ああ、これは日本にもあります。見たことがあります」と「再会」をよろこんでいます。しかし、残念なことにその言葉の域を超えることはなく、依然としてあまりポピュラーではないようです。日本では施設にあっても使う人がなく廊下にさびしく置かれているだけです。日本では器具の利用方法や利用意識、そして誰が利用のアクセスをするのか、などがまだ十分システム化されていないところがあるようです。

デンマークでは、補助器具をどう利用するかは作業療法士（ＯＴ）の責務で、彼らの的確な補助器具の支給は障害をもった人の自立を助け、また、同時に介護にあたるスタッフの職業病の予防にもなっています。

補助器具をケアに利用するのは「冷たい」ことで、自分の両腕を使ってのケアのほうが「やさしい」と思われるかも知れません。しかし、器具がうまく生活のパートナーとなれば、人に依存する必要がなく、障害者の自尊心も保たれ、少しは楽しく障害と共存していくことができるのではないでしょうか。

●市営補助器具センター

補助器具は「身体に恒久的な機能低下があり補助器具によって日常生活が安易になる、または就労を支援する場合に市は無料で貸与する」と、いう法律に基づいて支給されています。これは障害児も若年障害者、そして加齢のため機能低下や障害をもった人全員に適用されます。

ロスキレ市の補助器具センターの所長を務めるメッテ・ヴェスマン（四二歳）は、一七名の作業療法士（ＯＴ）とともに「補助器具の支給」と「住宅改造」にあたっています。メッテは年間五三〇〇万クローネ（一二億一九〇〇万円）の予算をもち、そのうち、一一〇〇万クローネ（二億五三〇〇万円）が人件費や建物の費用で、四二〇〇万クローネ（九億六六〇〇万円）が補助器具関連の費用です。

デンマークで補助器具が発達した背景には「一人ひとりが他人に依存することなく、できるだけ活動的で自立した生活を送り、誰もがその可能性を平等にもつこと」というデンマークの社会的な価値観があります。そして、障害をその人の「欠陥」とみるのではなく、「社会環境の整備や構造がその人にとって不都合になっている」と、とらえています。ですから補助器具で不都合なバリアをなくせば、自立したアクティブな生活をおくることができる、という考え方が基本となっています。

ＯＴは各補助器具の使用法を熟知し、利用者に適切な評価をし、提供する大事な役割を担っています。ＯＴは補助器具の選択のみならず、住宅改造のアドバイスはもちろんのこと、新規に建てられる高齢者用の住宅建設の場合にも助言者として係わります。

補助器具の支給依頼は、利用者本人、介護・看護スタッフ、医者などからセンターに連絡が入り、センターの職員であるＯＴが本人の自宅を訪問して面接を行います。それによって支給する補助器具が決められ、ストックのあるものならすぐに利用者に配達することができます。

しかし、利用者は一人ひとりの体格や障害が異なるので、一人ひとりのニーズに合わせる必要があります。センターにはテクニシャンがいて、利用者のニーズに応じた調整をしてくれます。しかし、一度調整が完了しても不具合が生じるかも知れません。数カ月後に再評価することも大事なことです。

扱っている補助器具の数は膨大で、貸し出されている補助器具は約二万個もあり、小物から車椅子、ベッド、リフト、歩行器などに至るまで、常時約二五〇〇種類の器具がセンターの棚に収められて貸し出しの待機をしています。

補助器具は無償で貸し出され、使い終われば再びセンターに戻ってきます。すぐに洗浄・殺菌されて新しく番号が打たれてコンピューターに登録され、再び貸し出しのために棚に整理されます。

とくに歩行器は高齢者の「ロールスロイス」と呼ばれるほどのヒット器機で、二〇〇〇年に九〇歳で亡くなったイングリッド皇太后がトルコブルーの歩行器を愛用していたことから歩行器を使う抵抗が薄れたのか、利用者が急増したそうです。そういえば街中に歩行器で歩く高齢者が目立つようになりました。

補助器具センターには大工職人も雇用されていて、障害をもっても自宅で生活が継続できるように必要な住宅改造を行います。ごく一般的な改造はドアの段差をなくしたり、入り口にスロープをつけたり、取っ手をつける作業ですが、リフト移動のために天井にレールをつけたり、リモコン操作でドアを開閉するなどの改造も行われています。いずれの場合も利用者とスタッフがよく話し合って、生活事情を把握した上で補助器具が支給され、住宅改造が行われます。

補助器具も住宅改造も「自分らしく生きる」ための条件で、在宅ケアのサービスと同じように利用者の経済力や家族構成に関係なく、「必要な人に必要な物が必要な期間」無料で貸し出されます。

所長の任務について一年目のメッテは、「仕事もスタッフも大好きよ。毎日いろいろな課題に遇い、それを解決していくのは楽しい。でも、要求の大きな仕事よ。家族との時間も大切にしたいし、『メッテ、いつまでだいじょうぶ』って自問自答しているわ」と笑っていました。

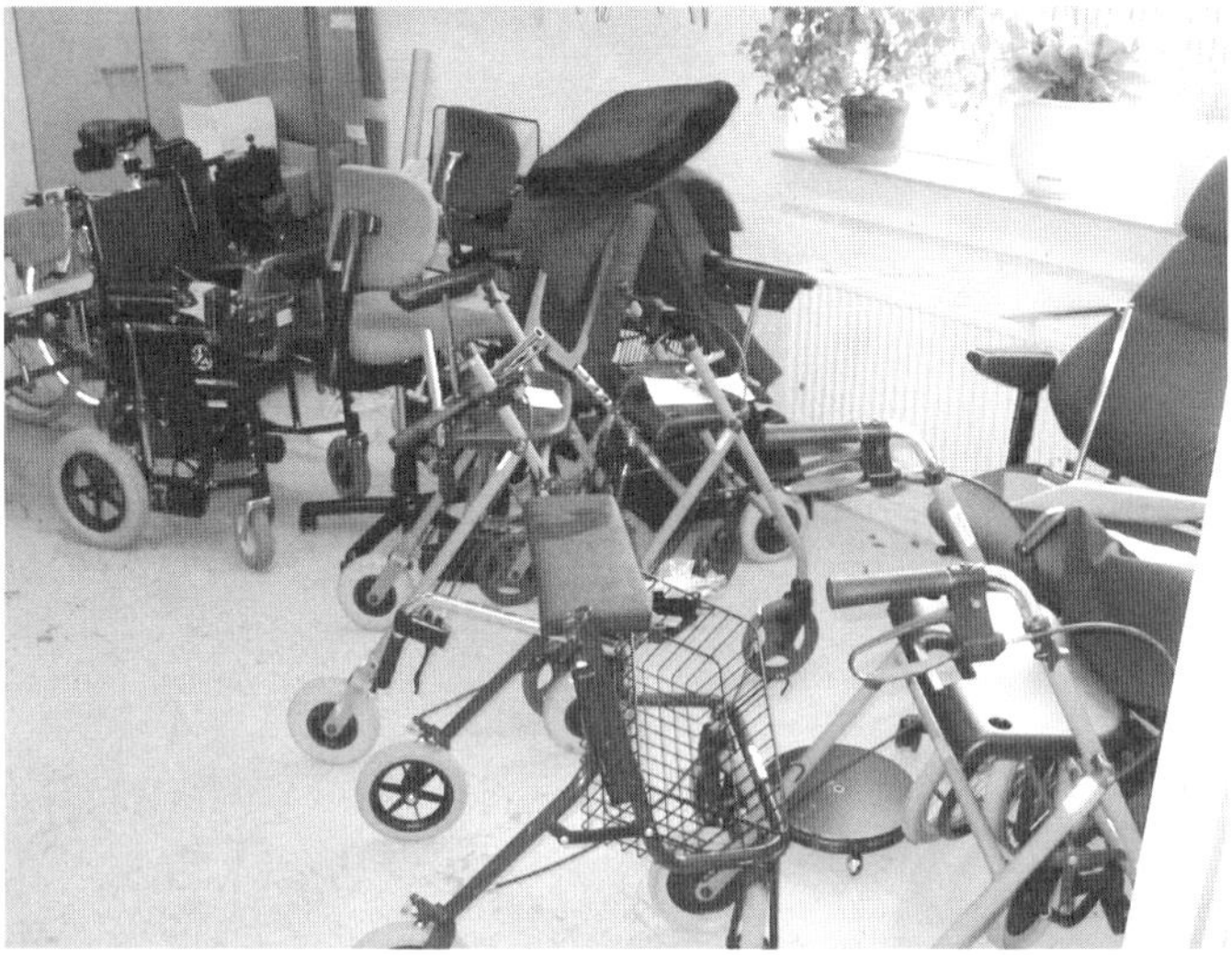

市営補助器具センター

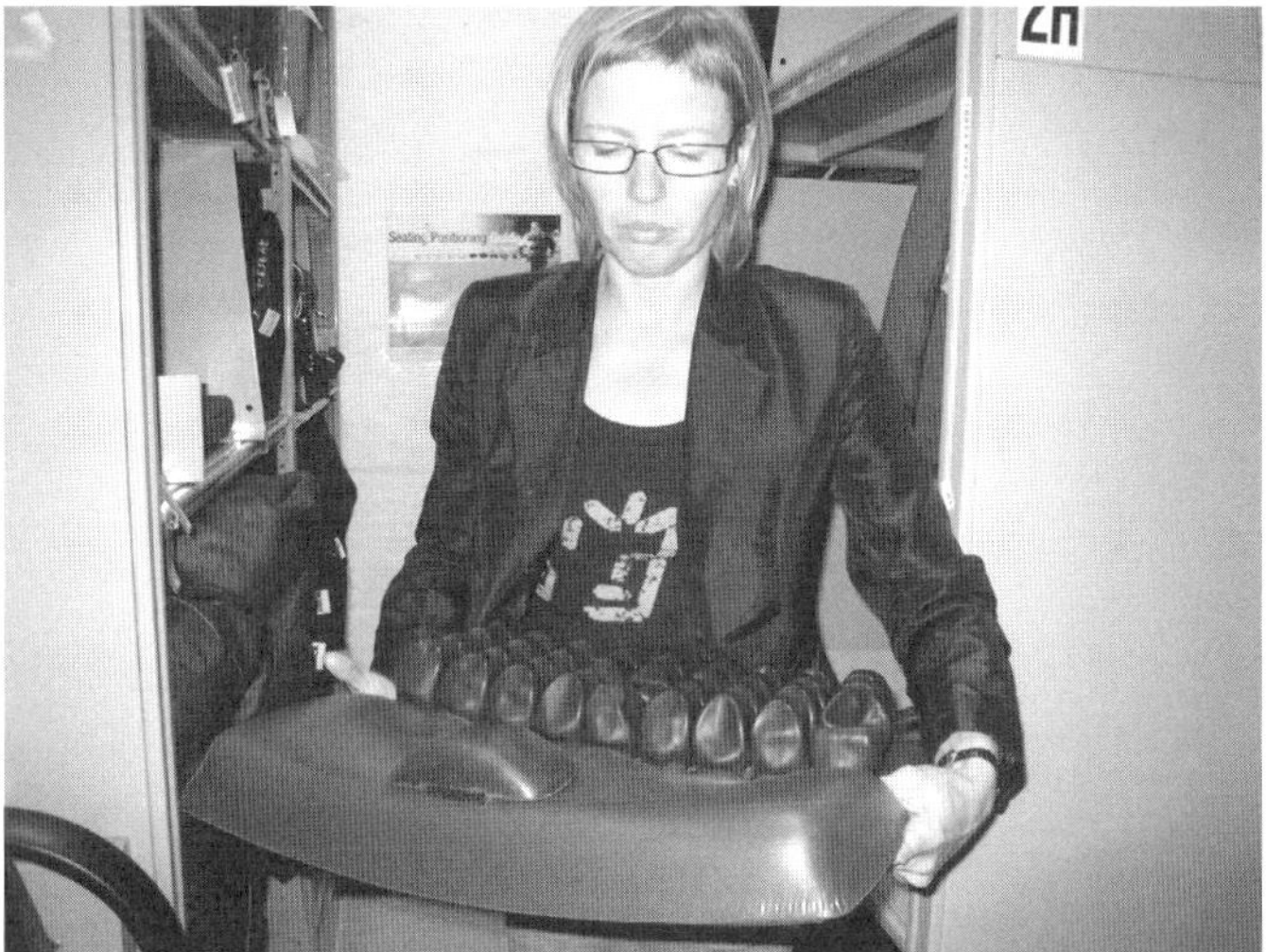

「じょくそう防止用のクッションです」と説明する、補助器具センター所長メッテ・ヴェスマン

●職業病ノーサンキュー

ベッドに横になっている高齢者を起そうとした瞬間、腰が「ギック！」と叫び声をあげ、そのときから介護・看護者が逆に「患者」になってしまった、という経験のある人はいませんか。

デンマークの介護・看護スタッフが関わる団体である社会・保健職場環境委員会は、二〇〇四年に病院や高齢者施設の介護・看護スタッフの腰痛問題を調べたところ、新米の看護師、ケアワーカーに腰痛問題が表れていることがわかりました。それは「移動テクニック」の情報がきちんと伝わっていなかったことが大きな理由だとわかり、ケアをする人がケアをされる側に回らないように病院や福祉を管轄している自治体などは「移動政策」をテーマに掲げ、スタッフにテクニックを熟知してもらうように努めています。

「移動テクニック」とはケアワーカーの身体的な負担を軽くする方法で高齢者をベッドから車椅子に、車椅子からトイレの便座に、椅子から立ち上がるときなど、その人を持ち上げる代わりに滑らせたり、回転させたり、反対にしたり、引いたり、押したりして移動させる方法です。その際、リフト、回転盤、滑りシートなどの補助器具をうまく利用することも必要ですし、また移動する人の協力も大事です。

新入看護師やケアワーカーに二時間の「移動テクニック」の講義をして、実際に移動するのにシートを十分利用したりする時間を一〇秒余分にかければ、七〇％腰痛を避けることができる、といわれています。

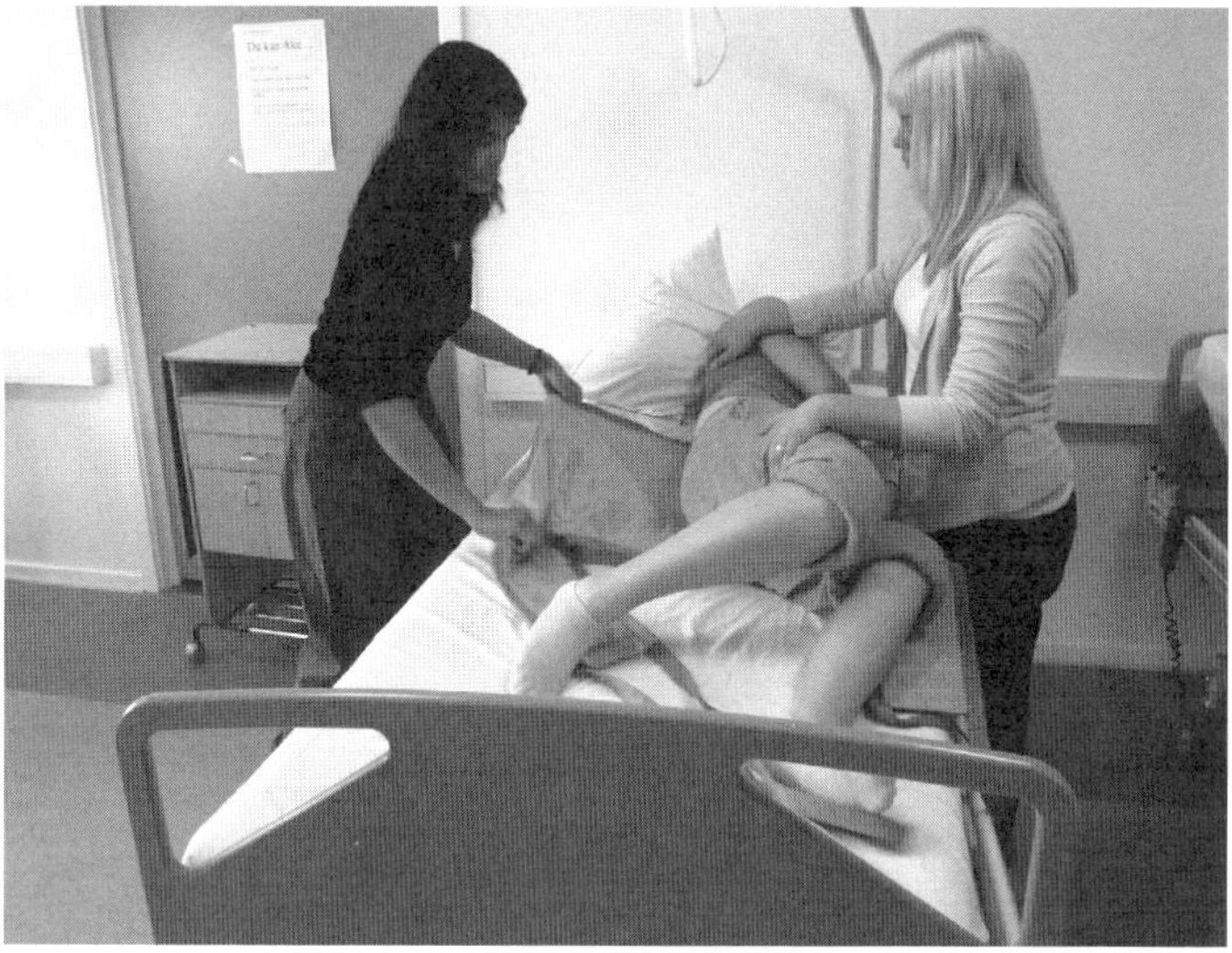

ベッドから車椅子へ移動。まず、リフトを敷いて

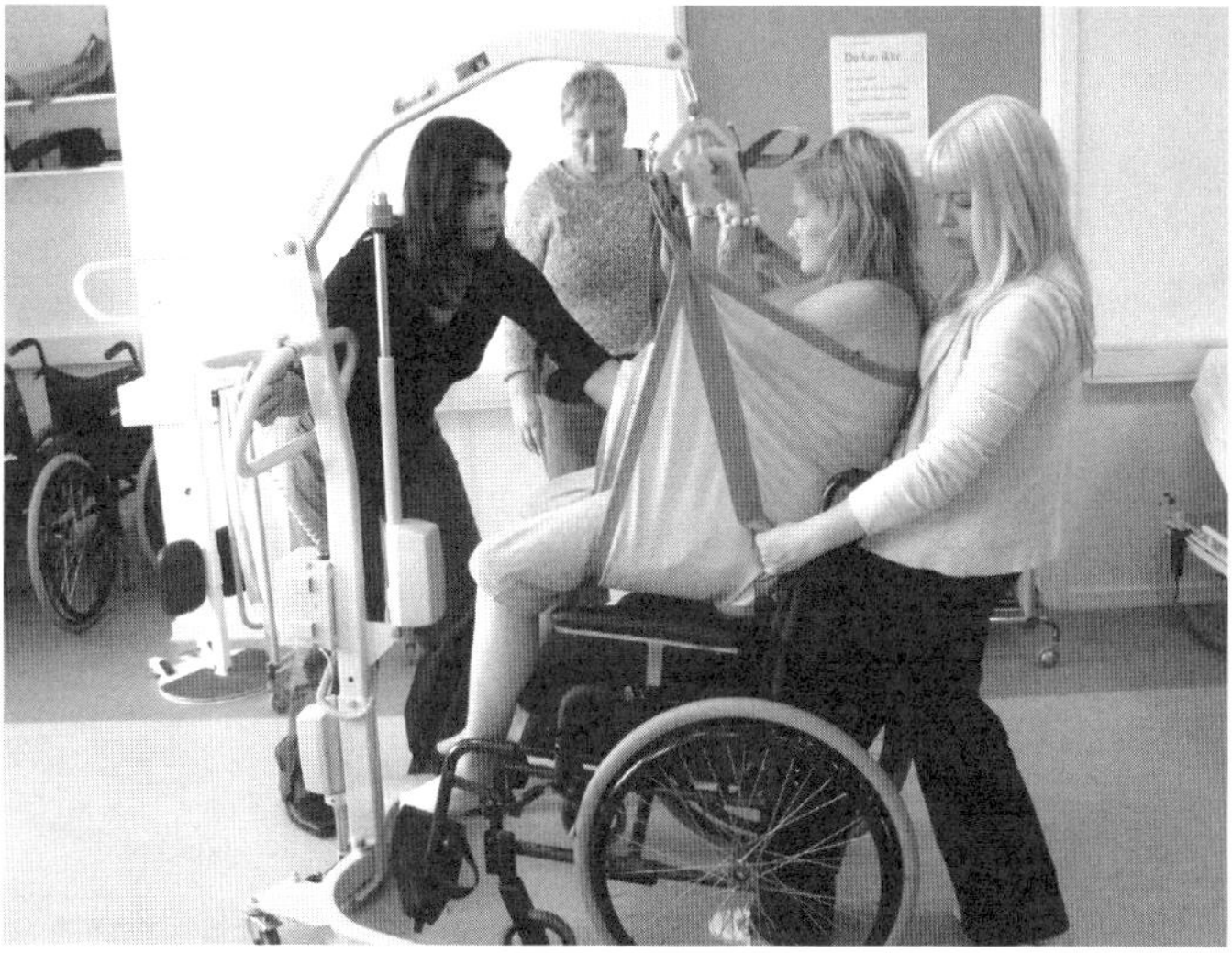

安全を確かめながら必ず二人のスタッフで

腰痛はケアに従事するスタッフの職業病として周知され、デンマークでは自分で移動ができない人を介護・看護する場合に早くからリフトが使われてきました。また、乳児・幼児保育分野でもかなり早い段階で腰痛問題が取り上げられ、現在ではオムツ交換台は保育士が体をかがめることなく姿勢を正してオムツを代えることができるように、電動で保育士の背丈に調整することができます。

いま、「移動テクニック」は多くのデンマークの自治体で労働環境のテーマになっていて、労使が一丸となって取り組んでいる政策です。

●やさしさのちがい

デンマーク人は、一般的に「日本人は親切でやさしく勤勉な国民」という印象を持っています。確かに人に親切にすることや、人を思いやる心は日本の文化として長く育まれてきました。しかし、この「親切でやさしい」姿勢も高齢者分野においては、デンマークと日本の受け取り方が、ちょっとちがうように思います。

数年前、デンマークの福祉関係者と共に日本の老人ホームを訪問しました。ちょうど、お茶の時間でケアスタッフが車椅子に座っている入所者にコーヒーを注いでいたところでした。スタッフは、それからコーヒーにクリームとお砂糖をいれ、スプーンでまぜて「完成品」にして入所者に「はい、どうぞ」と勧めていました。この光景をそばで見ていたデンマーク人は、「認知症が進んでいる人の好みを悟り、すごい」と感嘆していましたが、聞けば認知症の症状はなく軽身体障害をもつ入所者ということでした。また、車椅子利用は歩行が少し困難だから、というだけが理由のようでした。この光景が日本では「親切でやさしい」対応のようです。デンマーク人の感嘆した気持ちは懸念に変わり、「スタッフは活動的で親切だが、それがかえって入所者を不活発にし、依存型にしてしまう」と私の耳につぶやくように言いました。

デンマークでは、どの年齢層でも「できないことを援助する」というコンセンサスが浸透していて、それは障害をもつ高齢者も例外ではありません。幼い頃から「自分で考え決定する」自立心が身についていて「自分のできることを他人がすること」に違和感をもち、そうした行為はその人の自尊心を傷つけかねません。

デンマークのスタッフの役目は「自助を援助」することで、すぐには手を貸さずに、その人がもっているあらゆる資源を使うように見守っています。スタッフは、おりにつけ手をクライアントの肩においたり、手を重ねたりしてクライアントの安心感や、「いつでも援助しますよ」という信頼感を与えています。その温かさがあるからこそ、ひとたび助けてほしいと思ったときは、はっきり「手伝ってほしい」と伝えることができ、周囲もそれに応える、という相互尊重が定着しているようです。この「見守る」姿勢と、ひとたび、「ちょっと助けて」と頼まれれば、すぐにアクションを起こすのがデンマーク流の「やさしさ」です。

四、安心した暮らし

●ケアの中心は在宅ケア

「できる限り自分の生活は自分で」と元気に暮らしてきても、加齢や病で心ならずも心身に障害をもつことになった場合、在宅ケアが支えてくれることはとても心強いことです。この在宅ケアは、私たちが病気や負傷などで一時的に介護・看護が必要になったときや、また加齢や病気で障害をもった高齢者の介護・看護サービスを二四時間体制で実施している制度で、私たち市民に安心を届ける大事な機能のひとつです。

在宅ケアを含む高齢者福祉の運営は自治体の管轄で、国が施行した法律で運営する基本枠です。各自治体はその基本枠を飛び出さなければ、枠内をどのような色や模様に塗ろうとも各自治体の自由です。

現在の二四時間在宅ケアサービスの形は、「できるだけ長く住み慣れた家で」をモットーに、一九八〇年代に施行された高齢者住宅法による住宅の整備と共に発展した政策です。

在宅ケアはデンマーク人が病院での長期入院を好まず、ましてやプライエム（ナーシングホーム）に入居するのは「最後の最後」と思い、「できるだけ長く自分の家で過ごしたい」と願う当事者の生活意識と施設ケアより低経費で公費節約になるという、行政側の事情がうまくドッキングして可能になった政策といえます。

在宅ケアの基本理念は「必要な人に、必要なとき、必要なだけ」サービスを提供することにあり、一～二週間に一度の掃除援助で生活を継続していける人もいれば、重介護・看護が必要で頻繁にケアスタッフが訪問するケースもあります。

また、在宅ケアには介護や看護の支援のほかに、デイサービスやデイホームに通所することも含まれます。デイサービスやデイホームの多くは介護施設の機能の一部で、自力で行けない場合は、送迎サービスを利用します。

現在のプライエムを含む介護付き住宅の入居は、在宅ケアで援助できるすべての策を講じても自宅での生活はもう無理だ、と判断された人が入居する「終の住まい」です。

高齢者福祉運営の財源は税金であり、その税金もすでに世界一高いとされるなか、「さあ、足りなくなりました」と簡単に増税することは至難の業であることは誰でも承知しています。市民の行政政策に対する監視の目は厳しく、行政は常に市民の反応に気遣いながら健全な市政運営を求められています。私たち市民は、生活の安心料として平均的に所得の半分を納税し、その見返りとして満足できる政策を求めています。利用者の要求が年々高まり、質のよいケアが求められているなか、財源は限られている、という厳しい現状に対応するには何回ものシステムの改善が必要なようです。

●サービスの判定は専門家が

「私たちはジェネラリストで、利用者の全体を観てケアの判定をします」と、ロスキレ市役所判定主任のリス・ファルクが話し始めました。

この判定部は人口八万一〇〇〇人のロスキレ市の一八歳以上の障害者、高齢者そしてターミナルケアの在宅ケアサービスの給付にあたっています。判定員は日本のケアマネージャーに相当しますが、全員公務員です。

リスは看護師の教育を受けたのち、一九八五年から在宅ケアの業務に携わり、経営学の追加教育を受けたのちにリーダー職についています。

リスの元に看護師、作業療法士、介護福祉士の職種からなる二〇名の経験豊富な判定スタッフが勤務していて、「家事援助」および「身体介護・看護」サービスと「介護住宅および高齢者住宅」の入居の判定にあたっています。

現在ロスキレ市で在宅ケアを受けている人口は二二〇〇人で、判定スタッフ一人当たり約一六〇名のクライアントを担当しています。

また、身体介護・看護および家事援助に六九七人のマンパワーが雇用されています。彼らは、週三七時間労働のフルタイムで働いています。

市民が福祉サービスを受けるためには、本人や近親者が直接連絡してくる場合や、家庭医や病院を通して判定部に連絡がある場合などさまざまです。申請があると、三日以内に判定員からク

判定主任リス・ファルクさん

ライアントに連絡があり、話し合いをもつための家庭訪問の日取りを約束します。家庭訪問はクライアントの社会環境、心身状態、精神状態、住宅環境、室内環境、社会的ネットワークなどの観点から話し合い、観察して判定スタッフが評価レポートを作成し、判定チームの認可を得てクライアントとサービスの契約を結びます。

私は「隣はいろいろなサービスを受けているのに私はこれだけ、と文句をいう人はいないのですか」と少し意地悪な質問をしてみました。するとリスは、「デンマーク人はできる限り自分のことを自分ですることをライフクオリティーとしています。それでも不平等な給付が生じないように『共通の言葉』というサービスのスタンダードがあり、それを基本に給付しています」と話してくれました。

これは、全国自治体連合会が市民サービスの公正・中立性確保のために、一九九八年に作成した判定基準です。ロスキレ市ではさらに市独自のサービスガイダンスがあり、それに沿ってサービスが提供されています。

在宅ケアの目的は、利用者が障害をもっていても「できなくなったことの援助」を受け、補助器具や住宅改造などで障害を補い「いままでの生活の質を下げることなく自分らしい生活を継続する」ことです。介護や看護を受ける頻度は、二週間に一度の家の掃除から二四時間数度にわたる介護訪問と利用者のニーズで決定されます。

二〇〇五年の統計によると、デンマーク全国で二〇万三二六一人の高齢者が何かの形の在宅ケアを受け、受けている平均的時間数は六七歳～七九歳で週に四～五時間、八〇歳以上が週に六時間です。

この国では身内が「介護で疲れた」と叫ぶことはないし、ましてや介護疲れで死に至るという非人間的なエピソードも生じません。家族は介護・看護の負担がない分、精神的面で十分な心のサポートができる余裕があります。

●判定部の判定分野

判定部が申請を受けて、判定をする分野は住宅と身体介護・看護および家事援助です。その内容は次の通りです（二〇〇七年）。

住宅

介護住宅　四四〇戸　（内プライエム二二八室、介護住宅二〇二戸）

高齢者住宅　四五三戸

在宅ケア

（1）身体介護・看護

訪問看護（包帯の交換、インシュリンなどの注射など）。

トイレ介助、衣類の着脱、移動、ベッドメイキング、その他の介護業務。

シャワー・洗髪は基本的に一週間に一度。洗髪後のブロー。

［食事および飲み物］
朝食、昼食、夕食の用意、食事および飲み物の介助。自分で料理ができない場合、高齢者センターで食事を取ることも可能。体調が悪く料理が作れなかったり、またセンターに出向くことができない場合は配膳サービス（有料）を利用することができる。

［薬品・服薬の介助］
糖尿病や血行の悪循環による足や足爪の治療、手入れ（ホームヘルパーが足治療士に照会する）。

（2）家事援助

［掃除］
同居している者がいて、健康で掃除ができる場合は掃除援助は給付されない。
掃除は二週間に一度で、玄関先、バスルーム、台所、居間および寝室が対象。
作業内容は床拭き、掃除機をかける、除ほこり、バスルームのクリーニング、台所のクリーニング、日常の片付け、補助器具のクリーニング。

［買い物］
買い物はインターバー（Intervare）という代行会社に一週間に一度、または二週間に一度注文することができる。

●待機は二カ月

今、デンマークの全国九八の自治体は二〇〇九年一月から施行される「プライエム／介護住宅入居保障法」に対応すべく苦戦中です。この法律は、介護住宅に入居判定がおりた人の「待機期間は二カ月」と定めたもので、すでに数年前から公布されていました。現在ロスキレ市の場合、プライエム／介護住宅の入居の平均待機期間は約二カ月ですが、自治体によっては数カ月とか一年と待たなければ入居ができない事態が社会問題になったのがきっかけです。

「待機二カ月」と保障されることはいいことですが、保障ができない自治体は入居判定を渋るのではないかという懸念も聞こえてきます。ロスキレ市の場合、現在プライエム／介護住宅が四八九室ありますが、五年後には六五歳以上の人口が二五％増加する見込みを踏まえて、現在介護住宅一〇〇戸を建設する予定です。二〇〇九年の法律施行までに、各自治体はなんらかの解決策を実行するよう迫られています。

いままでまったく福祉と関係がなかった高齢者が、自治体の在宅ケアとつながるのは往々にして病院入院がきっかけになります。たとえば高齢者が転倒で骨折して入院し、その後医療的処置が終わって退院の日が決まると、判定スタッフも患者の退院コンファレンスに同席して、退院後の生活が円滑に継続されるように必要な住宅改造や補助器具、またリハビリの必要性を検討します。

クライアントが車椅子利用になった場合、車椅子でも自宅で生活できるようにドアの段差を取り除いたり、スロープを取り付けたりの作業が無料で行われます。また、補助器具が貸し出され、退院したその日から在宅ケアのホームヘルパーや訪問看護師がニーズに応じて訪問するようにケアプランをたて、退院後の生活をサポートします。

しかし自治体が受け入れの体制がとれない場合、自治体は病院に「すみません。在宅ケアの受け入れができません。もう少し、病院で預かってください」ということになりかねません。その場合、自治体は病院に一日一五〇〇クローネ（約三万四〇〇〇円）を支払うよう請求されます。これは自治体にとって余分な出費になり、年度末に赤字を出す要因となりかねません。また同時に、医療処置も終わっているのに病院に置かれているのは、クライアントのライフクオリティーを損ないます。自治体は待機者を出さない努力と、スムーズな在宅ケアの受け入れが求められ日々の努力を課せられています。

リスに「大変な仕事ですね」と伝えると、「私たちは常に『法律』と『共通の言葉』を念頭におき、中立・公正な判断を心がけて判定にあたっています。私たちはプロフェッショナルとして毎日の仕事に燃えているのよ」と、元気な微笑みを投げかけてくれました。

●アンカーの一人暮らし

アンカー・ブロンスコーは今年八二歳になります。彼は下半身麻痺という障害をもちながら、在宅ケアと補助器具の支えを得て自宅で一人暮らしをしています。昔、結婚生活もしていましたが、アンカーの病気の進展とともに妻は去り、その妻もその後アルコール中毒が高じて一五年前

大聖堂（右上）のおひざ元に住むアンカー

に他界してしまいました。別れた妻との間に息子一人がいて、ときどき孫と一緒に訪ねてきます。彼は一人では歩くことはもちろん、立つこともできません。アンカーの障害はそもそも四〇年前に発病した脊髄膜炎によりますが、病気は徐々にアンカーの神経を圧迫し、歩行困難からついに下半身麻痺の障害者になってしまい、六年前ごろから車椅子を利用するようになり、最近ではすっかり車椅子に依存する生活になりました。その上、いっこうに癒えないじょくそう（床ずれ）にも悩まされていますが、アンカーの顔にはいつも笑顔があり、ジョークをいっては人を笑わせるのが大好きな陽気者です。

アンカーにとって障害があっても「住み慣れた家で生活を継続する」ことは、自分らしく生きる上で「絶対的な願い」であり、それを可能にするのは自治体の責任です。アンカーが安心して日常生活を継続させていくために、自治体の在宅ケアと多種の補助器具がアンカーを支援しています。

デンマークでの福祉は、個人を対象に家族関係や財力に関係なく「必要な人に必要なときに必要なだけ」援助が提供されます。アンカーが住み慣れた家で自立した生活を継続するために次のような援助が提供されています。

補助器具類　＊電動車椅子、外出用スクーター、介護用ベッド、シャワー用椅子、物をはさみ上げるグリップなど。

住宅改造　＊部屋から部屋への移動を車椅子でできるようにバリアフリーに改造。
＊玄関入り口が階段なので、庭から車椅子で外出できるように出口を新たに造り、スロープを設備。
＊オートドアを設備。

補助器具は市の作業療法士の専門知識によって選ばれ、必要な期間無料で貸し出されます。もちろん、車椅子などはアンカーの体型に合わせて幅・高さなどが調節されていて、病気の進行によってはクッションの位置・種類の調整も行われます。また、故障やスペアーの交換などが発生した場合は無料で対応してもらえます。

●できないことへの援助

身体介護と家事援助も市の判定委員会で検討され、アンカーが支給を受ける必要性が判断された場合に「必要なときに必要なだけ」を基本として無料で支給されます。

アンカーの日課は、毎朝八時に来てくれる社会・保健ヘルパー（ホームヘルパー）の身体介護とともに始まります。ヘルパーはアンカーの起床・洗顔・シャワーを援助し、ズボンをはく手前で訪問看護師に連絡をとります。訪問看護師は連絡を受けてアンカー宅に到着。まだ完全に癒えてない、じょくそうの手当てとカテーテルを交換してもらうと一日の活動の準備完了です。

週に二日はプライエム・ベアナドッテゴーデン内にあるデイセンターでパワートレーニングにはげみ、体力保持に努めています。アンカーの場合、腕の力を使って車椅子から何かに移動します。この腕の力が衰えたら自力で移動することができなくなり、介護者とリフトに移動を委ねなくてはなりません。それだけは「絶対に避けたい」とアンカーはトレーニングに励んでいます。

朝のコーヒーとパンを食べ終わり一息いれると、一〇時半にバスが迎えにきてくれて、センターでトレーニングをして昼食を食べ終わるともう帰宅時間です。一四時に再び送迎バスで自宅に戻ってきます。センターでのトレーニングは無料ですが、送迎バスとセンターで食べる昼食は自己負担です。

買い物は自分でスクーターに乗って出かけるし、ほとんどの食事は自分で作っていますが、週二日はデイセンターで昼食を食べ、週二日は自宅に届けてくれる配食サービスを取っています。「まあ、これで栄養補給ってことかな」と、他の日の料理にはあまり手をかけていないように聞こえました。

夜は、寝る支度を手伝いに一〇時半にヘルパーがきます。「今はそれでもヘルパーは朝晩だけになったけれど、二年前に三カ月入院して退院した直後は、ヘルパーが一日に一三回も様子を見にきていたよ」と、じょくそうが悪化して入院騒ぎになった頃を振り返って、ヘルパーのくる回数が少ないのは健康な証拠とよろこんでいます。

アンカーの生活は在宅ケアのスタッフと補助器具に支えられていますが、それだけでなくアンカーが一人で安心した生活ができるのは「緊急コール」を身につけているためです。

車椅子からの移動に失敗したときには、床にランディングしてしまうこともあります。そんなときに、首にかけているコールを押せば援助が出動してくれます。

今、アンカーは一週間前に買ったコンピュータと悪戦苦闘中です。「ホームコンピュータは、私がリタイアするころに出始めた産物」と、初めて使う代物だから覚えるのに時間がかかっていることを強調しています。そして「まあ、これでもエンジニアのOBだからね」と意欲満々です。覚えたあかつきには市の情報もインターネットでキャッチできるし、孫とメール交換もできると、楽しみにしていました。

デンマークの福祉は「できることは自分で行い、できないことを援助する」ことにあります。利用者側も「できる限り自分の力で」というおおいなる自尊心をもち、「できないこと」を援助してもらうことに同意はするものの、できることまで他人が手をかすことを良しとしません。

アンカーは「補助器具でできないことを補いながらの生活は不便な面もあるが、誰にも気兼ねなく自分の生活ができるのは素晴らしい。それに『できない』といわないですむしね」と一人暮らしを評価しています。そして声を高めて、「車椅子からスクーターに自力で移動できなくなったら絶体絶命さ」と、トレーニングの大事さを強調します。私たちは健康なとき、普段何気なく外出していますが、アンカーにとってスクーターは好きなときに好きな場所に自分を届けてくれる大事な手段であり、生きる意欲を左右している、といっても過言ではないようです。何はとも

「インターネットで情報を得たい」と特訓中のアンカー

あれ、障害をもつことはうれしいことではありませんが、デンマークは障害をもっても自分のいままでの生活を変化させることなく、そのまま「自分らしい生活」を継続させていくことができる社会です。

ロスキレ大聖堂の膝元にあるアンカーの家の庭から大聖堂の塔が望めます。時を告げる鐘の音がカランコロンと届いてきました。

●高齢者住宅に住むイリセ

ロスキレ市の一角。街路樹の向こうに、青紫のペンキがすがすがしい六四戸のテラスハウス住宅が建っています。敷地のなかには二階建てと平屋があり、二階建てにはエレベーターが設置されていて、車椅子での利用に対応しています。敷地の中央には共同施設「スリーカンテン（三角形）」があり、ここの住民のみならず地域の人たちの交流の場になっています。このテラスハウスは、ロスキレ市が入居判定権をもつ四五三戸の高齢者住宅の一部です。高齢者住宅は、単に「便利そうだから入居したい」と思っても入居できる住宅ではありません。高齢者住宅は身体的に機能低下があり、現在住んでいる住居が障害に適応するように改造しづらいとか、または広すぎるとか、あるいは外出に不便なところで社会的に孤立してしまう、というようなケースの場合に自治体に申請し、判定がおりたのちに入居することができます。

今年七五歳になるイリセ・ペーダーセンもこの高齢者住宅ドマーヴィンゲの住民の一人です。

共同施設スリーカンテン

イリセは、五年前にコペンハーゲンからロスキレに引越してきました。「コペンハーゲンの住民が他の市の高齢者住宅に入居？」と、不思議に思われるかもしれませんが、実は、二〇〇二年七月に「高齢者住宅および介護住宅の自由選択」の法律が施行され、自分の住む自治体以外に越境して高齢者住宅や介護住宅を希望することができるようになったのです。イリセは一〇年前に夫を亡くし、その後もコペンハーゲン市内にある二九〇㎡のアパートに住んでいましたが、運動選手だった若い頃に足の捻挫を繰り返したことも起因して、二〇〇〇年に両足の手術を受けました。しかし、その後の回復が悪く左右の足の長さに六センチも差が出てしまい、二〇〇一年から車椅子に依存する生活になりました。コペンハーゲン市で高齢者住宅入居の判定がおりたあと、息子家族や甥家族に近いロスキレ市に越境居住の申請を出し二〇〇二年に引越してきました。

このドマーヴィンゲ高齢者住宅は一九九〇年に建てられ、住宅のタイプは2DK、六二㎡と三DK、八二㎡の二種類があり、イリセは2DKに住んでいます。生活空間は以前と比べ極端に狭くなりましたが、「一人で生活するには十分」です。室内は障害にやさしいバリアフリーの設計で居間、ベッドルーム、キッチンへと自由に室内を車椅子で往来できます。バスルームも、車椅子と介護スタッフ二名が入って介護できるだけの十分なスペースがとられています。イリセの在宅ケア援助は今のところ掃除のヘルパーと、足の包帯替えに看護師の訪問があるだけで、それ以外の買い物、料理などの日常生活は自分でこなしています。

補助器具センターから、室内用の車椅子のほかに外出用の電動車椅子を支給されていますから、

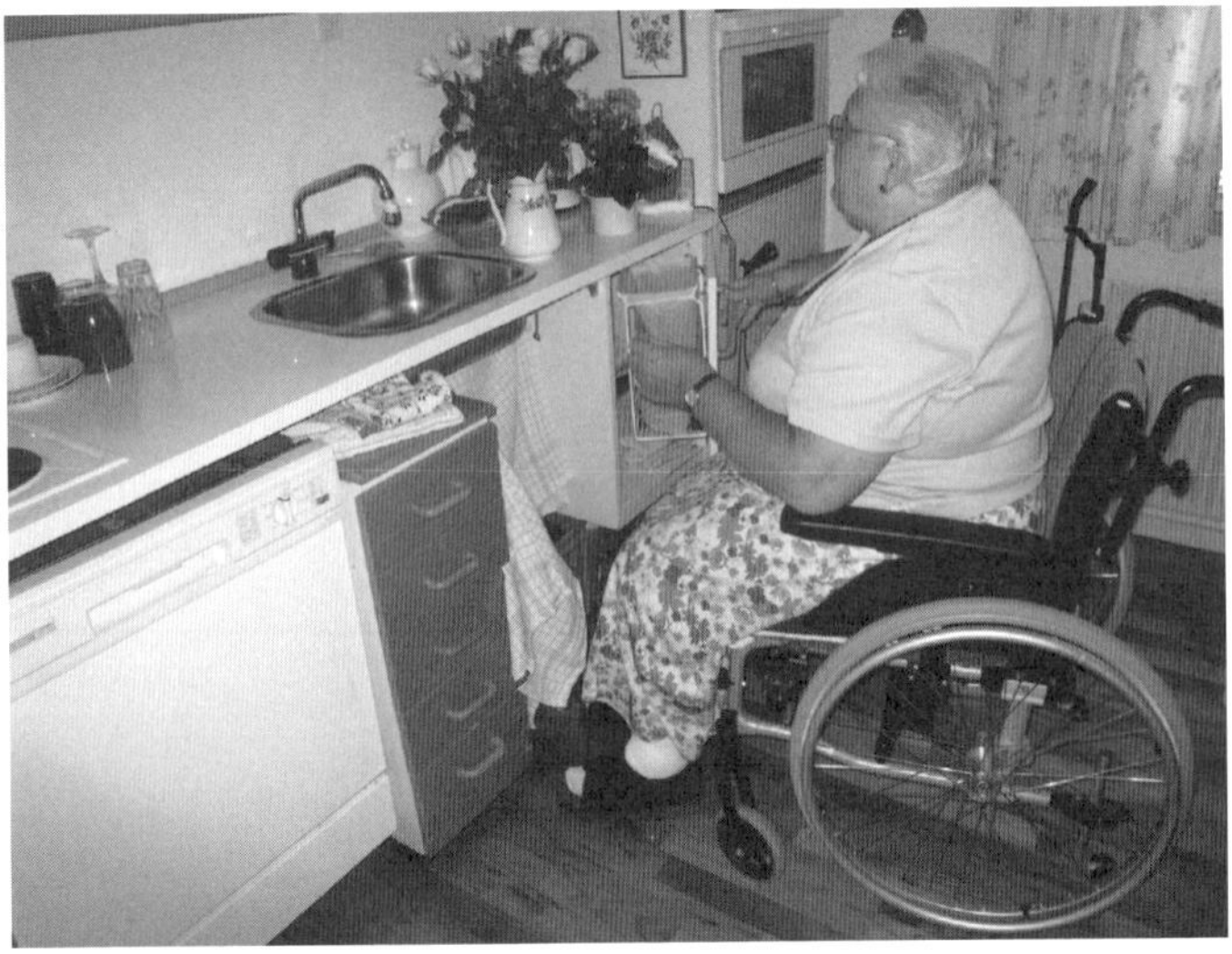

イリセのキッチン

「パンとチーズを用意したわ。ランチにしましょう」

買い物も人に頼ることなく近くのスーパーに出かけることができます。もちろん、将来イリセが介護・看護が必要になった場合は、この地域の在宅ケアサービスをニーズに応じて受けることができます。

遠方への外出には障害者交通サービスを利用しています。これは車椅子利用者の外出を容易にするために首都圏バス会社が行っているサービスで、年間三〇〇クローネ（約六九〇〇円）で登録すると一〇四回利用する権利があります。一回当たりに換算すると二・八クローネ（約六四円）です。一回につき首都圏内での乗車料金は約一〇〇クローネ（二三〇〇円）です。これなら、車椅子生活だってイリセの行く手をはばむものは何もありません。

イリセの首には琥珀のネックレスの他に緊急コールも下がっています。このコールは補助器具センターが転倒しやすい人や心臓発作の危険がある人に貸し出しています。一人暮らしのイリセに万が一何か起きたらこの「緊急コール」を押せば、消防署につながり救助に出動してくれます。「まさかのときの安心」がここでは十分に整備されています。

「でも市が支給する掃除は二週間にたったの一度よ」と、イリセは掃除に関してちょっと不満そうな口ぶりでしたが、「ここには安心した生活がある。共同施設に行けば誰か必ずいるし、話し相手に欠かない。本当に引越してきてよかった！」と、いかにも満足そうな笑顔が返ってきました。

●介護住宅に住む義母インガ

義母インガが、高齢者センター・エーブルヘーベン（リンゴの庭）内の介護住宅に入居して早や六年が経ちました。ここは一〇年前にブロンビュー市（注1）がプライエムに代わり、重介護・看護が必要な高齢者の介護住宅として建てた最新型の住宅です。

インガは九二歳になり、近頃は顔の表情も消え、私たちの問いかけに応答するのは稀になりました。耳元で「インガ」と名前を呼び、次に「ナツヨですよ」と私が訪問していることを告げると、運のよい日なら一〇を数えた頃に「Ja（はい）」という反応があります。

今では、テレビを見ることもなくほとんどの時間を車椅子のリクライニングでうつらうつらと過ごしています。私の夫ビヨワーと妹ドーテは交代でインガを訪問しています。身内が交代で訪問する当番を組んだのは、介護住宅に入居する前のアパート時代からです。当時、インガは私たちの家から徒歩で一〇分ほどの距離にあるアパートに住んでいましたが、夫アルファが亡くなり、その上若いころから病んでいた網膜剥離が進行して視力が極度に減退したことなどが原因してか、日増しに思考力や記憶力が後退し、一日中キッチンの小さなテーブルの椅子にじっと座っている時間が多くなりました。八〇年間近くやってきたお湯を沸かす、コーヒーを入れるという日常の簡単な動作もできなくなり、ヘルパーの訪問回数も増えていきました。私たち家族は介護・看護を専門家に任せ、交代でインガを訪問し、その日のできごとを話すようにしたのが始まりでした。それが介護住宅に入居した今も続いています。

左から息子ビヨワー、母インガ、娘ドーテ

高齢者センターは昔リンゴ園だった場所で、その跡地の広い敷地に本館と一一の介護住宅ユニットが建てられています。本館は管理部門、トレーニング施設、そして地域の高齢者も利用できるカフェが設備され、介護住宅ユニットとガラス張りの廊下でつながっています。一一のユニットのうち、二つのユニットは徘徊や問題行動がある重度認知症用の特別ユニットで、スタッフの人数も多めです。

ひとつのユニットはグループホーム形式で、共同の食堂・リビングと介護・看護スタッフが常駐するスタッフルームを囲んで、九戸の2DKのアパートが廊下でつながっています。

一戸の広さは共同施設エリアを入れて六三㎡あり、ミニキッチン付きのリビング、寝室、そしてシャワーを完備したトイレが設備されています。

介護・看護スタッフは三交代で一ユニット九名（夫婦で入居する場合もある）。昼は三人が七時から一五時まで、夜は二人が一五時から二三時まで、深夜は全一一棟に二名が二三時から七時までというシフトで看護・介護にあたっています。

ここは一人ひとりの独立した家ですから、起床時間や就寝時間は決まっていません。しかし、多くの利用者は起床・就寝の援助が必要なので、スタッフの労働時間に合わせることになりがちです。スタッフの一人、ベンテは「全員の朝の支度が一一時ごろまでかかる日もあるわよ。昼のスタッフがもう少しほしい」と言います。しかし、それが終わると介護住宅のなかは「シーン」としています。スタッフは入居者を自室から共同リビングに連れ出しますが、そこには活発な話し声や活動のようすはなく、うなだれて座っているか、リクライニングになる車椅子でうとうとしている光景が目につきます。

インガもつい最近このリクライニング型車椅子を支給されました。毎朝一応ベッドから起きて顔を洗い、マジャマから洋服に着替えますが、そのあとはこの車椅子で一日のほとんどを過ごしています。

インガの部屋の壁のボードには所狭しと、孫や曾孫の写真が飾られ近況を伝えていますが、もうインガには何も響きません。彼女の長い人生の歴史はインガの胸のなかに秘められたままで、もう語られることがありません。

日本の事情から見れば、一人住まいに六三㎡という広さはちょっとうらやましく思えるかも知れません。しかし、これはデンマーク人が、今日のデンマークを築いてきた先人や、将来の高齢者の終の住まいとしてふさわしい環境であると判断し、実施している公共介護の水準なのです。

注1　Brøndby市、首都コペンハーゲンから西に約九キロ。人口三万四〇〇〇人のベッドタウン

●義母インガの家計簿

今日の介護・看護政策は「施設意識」から「住宅意識」に移行され、一般の生活に近い自宅環境を整備しています。前述したとおり、一九九五年の年金法改正によりプライエムに入居している高齢者にも直接年金がおり、「年金個人管理制度」が導入されました。

それに伴い介護住宅／プライエムでは、三度の食事、飲み物、掃除、洗濯などをサービスパッケージとしてまとめ、入居者がホームのサービスを利用するか、個人で解決するかを選択してもらうようになりました。ほとんどの入居者は、このサービスパッケージの全部を利用していますが、仮に入居者が自分で掃除をする、または、朝食を食べる習慣がないから朝食はパスということであれば、それ以外の利用した分のみを支払えばよいのです。

彼女の収入レベルは、デンマークの中堅レベルです。一四年前に亡くなった夫が電電公社（当時）で電話設置工事の責任者を務め、インガ自身も五〇歳まで常勤の仕事をもち、それ以降は定年になるまで百貨店の梱包・発送係りとして週三日働いていました。当時の生活レベルは、決して裕福なグループではありませんでしたが、年に一度は、キャンピングカーで二週間のイタリア旅行に出かけたり、また子どもたちの誕生日やクリスマスのプレゼントを豊富に用意できる不足のない生活でした。

現在、私の夫がインガの経済的な後見人で銀行預金および証券の管理をしています。

インガの収入と支出は次の通りです。

年間収入　Dkk二三万二九六五（五三五万八一九五円・二〇〇八年）

税金控除額：Dkk三万〇二八八（六九万六六二四円）

税率：三九％

年間収入Dkk二三万二九六五―控除額Dkk三万〇二八八＝Dkk二〇万二六七七（四六六万一五

イ ン ガの年収　(Dkk)

労働市場付加年金	3360 kr（7万7280円）
その他（労働市場年金）	13万3101 kr（306万1323円）
利息（注１）	1万0706 kr（24万6238円）
個人的付加年金	0 kr
国民年金	6万1152 kr（140万6496円）
単身年金付加金	3万5352 kr（81万3096円）
利息を含めた合計 利息を含めない合計	24万3671 kr（560万4433円） 23万2965 kr（535万8195円）

（注1）利息への課税は、個人課税対象と異なるのでここでは、含めない

イ ン ガの一カ月の家計簿　(Dkk)

	収入	支出
	1万2827 kr（29万5021円）	
家賃		4576 kr（10万5248円）
住宅助成	1 674 kr（3万8502円）	
高齢者歯科		35 kr（805円）
サービスパッケージ		3333 kr（7万6659円）
TV受信料		109 kr（2507円）
暖房費		512 kr（1万1776円）
電話・薬品・衣類・他		1500 kr（3万4500円）
合計	1万4501 kr（33万3523円）	1万0065 kr（23万1495円）
残高		4436 kr（10万2028円）

七一円-=課税対象額）。

課税対象額Dkk二〇万二六七七（四六六万一五七一円）に対し、税率三九％を差し引くと、年間実質収入は、Dkk一三万九八四七（三二四万一六四八円）となり、一カ月の可処分所得はDkk一万一六五四（二六万八〇四〇円）となります。

デンマークは公共医療ですから、インガは医療費を貯蓄する必要がありません。インガにはごく身近な家族として子ども、孫そして曾孫たち一四名がいます。彼女の余裕分はそれぞれの誕生日のお祝いとクリスマスプレゼントとして使われます。

●あってもなくてもお隣同士

イリセが住む高齢者住宅もインガが住む介護住宅も、「安心した暮らし」が保障されています。どの住宅も近代的なつくりで、広さも一人暮らしには十分です。インガも、長年愛用していたほとんどの家具と一緒に介護住宅に引越しています。誰もが「家賃はいくら」と気になり、「払えない人はどうするの？」と疑問を抱くでしょう。

デンマークには、「払えない人」はいても「払えるような政策」があり、誰でもニーズがあると判定を受けた人は低所得だろうが、高所得であろうが関係なく入居することが可能なのです。

デンマークの住宅政策は、「誰でも必要なときに適応する住宅が供給される」ことを目的としています。そのために多種類の住宅支援策が準備されていて、年金受給者は「住宅助成金」を市に申請することができます。助成金は一律ではなく所得に応じて異なり、所得が多ければ助成金が少なく、所得が少なければ助成金が多くなる仕組みです。

義母インガの場合、介護住宅に入居する前は公的住宅団体の運営する八〇㎡のアパートに暮らし、二〇〇一年当時の家賃は三八七〇クローネ（八万九〇一〇円）でした。ところが、入居判定がおりたエーブルヘーベン介護住宅の家賃は四九三八クローネ（約一一万円）です。介護住宅の家賃が約一〇〇〇クローネ（約二万三〇〇〇円）も高くなるというので、夫はインガに代わり住宅助成の申請をしました。インガの収入の割合から一六七四クローネ（約三万八〇〇〇円）の助成金を受け実質二九〇二クローネ（約六万六〇〇〇円）を家賃として支払っています。

イリセの住んでいる高齢者住宅の家賃は、月額六二〇〇クローネ（約一四万円）です。高額所得者は額面通りの家賃を支払いますが、イリセは余裕のある所得グループで、一〇〇〇クローネ（約二万三〇〇〇円）の助成金がでていて、現在の家賃は前に住んでいたアパートの家賃とほぼ同額です。

高齢者住宅や介護住宅の住民はいろいろな人生経験をもちながらも、入居判定がおりたいまは同じ環境のなかで分けへだてなく生活しています。ここでは「ある人がない人に分ける」ということがあたりまえなのです。

五、ケアワーカーの教育

●介護職の充実

充実した介護・看護政策に質のよいケアワーカーの存在は不可欠です。また、ケアワーカーも携わる仕事にやりがいを感じ、経済的にも安定したものであってほしいと願っていることでしょう。デンマークでは、それを満たすためにはケアワーカーの専門的な教育と社会的地位の向上が大事な鍵だと考えました。

デンマークには、もう「ホームヘルパー」という名称の職種はありません。その代わりに介護・看護現場を支えているのは「社会・保健ヘルパー」という職種です。これは、介護・看護スタッフの専門的な養成を目的に一九九〇年に職業教育法が改正され、「社会・保健ヘルパーおよびアシスタント学校」が各県に設立されたことによります。

デンマークにも一八年前までは「ホームヘルパー」という職種が存在し、当時は七週間という簡単な講習で職に就くことができました。当時のホームヘルパーは、訪問先で買い物、洗濯、食事の支度をする滞在型で、ともすれば「お手伝いさん」的な仕事ぶりで利用者のできることにまで手を貸す過剰サービスでもあったようです。

デンマークの福祉政策の財源は税金です。政府の役目は財源、サービスの質、そして人間の尊厳をバランスよく政策に反映することであり、一方、私たち国民は税率を引き上げないで、より質の高いサービスの提供を求めています。そのためにデンマーク政府には限りある財源を国民の希望を満たしながら、いかに有効利用するか、という課題が常につきまとっています。

二四時間在宅ケアがほぼ全国的に整備された一九八〇年後半に、在宅ケアサービスを滞在型ケアから巡回型ケアに移行したのも、財源の有効利用と大いに関連がありました。

巡回型ケアに移行したことによって、ヘルパーが買い物や調理をする代わりに買い物は商店に注文し、食事は配膳サービスに代わり、掃除は一週間に一度（自治体によっては二週間に一度）で、利用者の「できないこと」だけを援助し、すぐに次の利用者に回るというスピーディーな訪問に変わりました。こうして、一回の滞在時間は短くても、利用者のニーズに応じて一日に数回訪問するケースが一般的になりました。

滞在型から巡回型に移行した当時、ホームヘルパーたちは口を揃えて「お年よりとゆっくり話す暇もない。一人暮らしの老人を孤独にさせる」と、短時間の滞在で次の利用者を訪問することに大いに不満を抱いたようです。限られた財源で増加する高齢者の対応と質の高いサービスを提供するためには、滞在型は無駄が多いため、巡回型に切り替えることは必要不可欠な措置でした。

二四時間在宅ケアの普及は、医療費節約にもつながりました。デンマーク人は一般的に長期入院を好まず、一日でも早く自宅に帰りたい人たちです。在宅ケアという受け皿がしっかりしていれば、医療処置が済んだあと自宅に帰り訪問看護師やヘルパーに支えられて過ごすことができます。しかし、自治体のほうに退院が決まった患者を受け入れる準備ができていない場合は、病院に一日一五〇〇クローネ（三万四五〇〇円）をペナルティーとして支払います。これは自治体としては痛い出費です。

実際、六五歳以上の入院患者の平均入院日数は、一九九一年は一一日、一九九五年は九・四日、一九九九年は八・一日、二〇〇三年は六・八日と減少しています。

このように在宅ケアは、医療と福祉のスムーズな連携プレーと、専門的な知識をもったケアワーカーの働きで支えられています。

●積み上げ教育

「この教育を選んでよかった」と、プライエムで実習中のピアは自分の選択を満足気な顔で語ってくれました。ピアは四三歳で二人の男の子をもつ母親ですが、「人」とかかわる職業につきたくて一三年間勤めた教習所の教官の仕事をあっさり退職し、再教育として「社会・保健ヘルパーおよびアシスタント学校」を選びました。

この学校は職業専門学校のひとつで、ケアワーカーを養成するところです。全国に二五校あり、教育省の管轄下にある独立法人です。ピアが入学している学校は首都コペンハーゲンから三〇キロ西にあるグレーブ（Greve）市にあり、グレーブ市近郊の六カ所の自治体を管轄地区としています。

学校は「社会・保健ヘルパー養成教育」と「社会・保健アシスタント養成教育」の二段階になっていて、積み上げ式教育です。入学資格は九年間の義務教育を卒業したあと、

＊本校での一年の基礎過程を終了、または

＊一年間の社会経験か教育経験（国内または海外）

を満たす人です。「義務教育を卒業した人」といっても生徒の多くはすでに社会経験があり平均年齢は三二歳。入学は面接だけで決定され、筆記試験はとくにありません。年間四七〇名の生徒が入学し、職員数は五〇名（内三〇名が教員）です。教員は看護師、管理栄養士、作業療法士、理学療法士、保育士、教師、美術家と幅広い職種の専門家で構成されています。

また、校内には教育アドバイザー三名、実習カウンセラー一名が配置されていて生徒の教育上の相談にのっています。

社会・保健ヘルパーは、日本のホームヘルパーにあたり、教育期間は一年二カ月、就学後は自治体の在宅ケアやプライエムで高齢者福祉の仕事に就くことができます。

ピアが勉強しているグレーブの学校では、社会・保健ヘルパー教育の生徒募集が一月、五月、九月と年に三回あり、年間二七九名の生徒が入学しています。しかし、「想像していた教育とかけ離れていた」とか「勉強が大変」という理由で三人に一人が中退してしまうのが現状のようです。ピアはすでに「社会・保健ヘルパー教育」を終了していて、この段階で卒業すれば自治体の

プライエム入居者トーヴェ（左）とピア（右）

高齢者福祉分野で働くことができます。しかし、ピアはヘルパー教育中に「スキルアップできる」と自信をつけ、その上の「社会・保健アシスタント教育」に進みました。二〇〇九年の夏に卒業予定だそうです。

社会・保健アシスタントは、日本の介護福祉士にあたり、ヘルパー教育の上にさらに一年八カ月を要し、職域はヘルパーより広がり、福祉および精神疾患を含めた医療分野に従事することができます。

すべての教育は卒業試験にパスして資格を得ることができます。「社会・保健アシスタント教育」を終了した者は、理学療法士、作業療法士、レントゲン技師、看護師などの教育に進むことが可能です。通常、一般高等学校を卒業して中期高等教育に進むのが一般的な進路ですが、専門職にたどり着く道筋が増えたことになります。

●実習と理論の交互教育

各教育とも「経験から学ぶ」ことに重きが置かれ、学校と現場実習が交互に行われています。たとえば、ヘルパー教育では学校六週間、実習一四週間、学校一二週間、実習一六週間、最後に学校六週間で、延べ時間は、学校七二〇時間、実習九〇〇時間という教育課程です。

教育プログラムは、ケアワーカーの専門知識の習得と自己発達のふたつの側面からカリキュラムが組まれています。

学校内でのカリキュラムはデンマーク語（国語）、自然科学、英語などの一般教養が延べ九週間あり、その他保健、社会学、教育心理、衛生学、アクティビティー技術などが一四週間、選択が一週間で合計二四週間です。

実習はグレーブ市の近郊の六カ所の自治体内のプライエムや病院で行われ、各実習場所には実習生の教育にあたるスタッフ（多くの場合は看護師）が配置されています。

私が授業参観をさせてもらった日のことです。「今日は選択授業の『解剖学』を学んでいる教室をのぞいてみましょう」と、教室に案内されました。ドアを開けるとテーブルの周りに生徒が集まり、みな明るい顔つきで何かをしている光景が目にはいりました。近づいてみるとテーブルの上に一匹の豚がお腹を割かれて横たわっていました。豚と知った瞬間、すごい臭いが鼻をついてきました。「解剖」の授業と聞いてはいましたが、黒板の上の授業と思い込んできたので、本物の豚が生徒の手でお腹をさかれて「これが肝臓、これが腸」と勉強の材料になってい

社会・保健ヘルパー教育　（一年二カ月）

学校 1	実習 1	学校 2	実習 2	学校 3
6 週間	14週間	12週間	16週間	6 週間

社会・保健アシスタント教育　（一年八カ月）

学校 4	実習 3	学校 5	実習 4	学校 6	実習 5	学校 7
13週間	基礎医療・精神科 15週間	7 週間	一般病院 15週間	6 週間	精神/基礎医学 15週間	6 週間

「解剖学」ほんものの豚で

るとはおどろきでした。先生は「豚の内臓は人間のものによく似ているのでいい教材です」と話してくれました。ここでも「経験から学ぶ」教育方法が活かされています。

また、他の教室では「移動テクニック」を学んでいました。教えているのは作業療法士で、ベッドの患者を起して、車椅子に移動する際のテクニックをていねいに教えていました。この移動テクニックは介護・看護分野で最も注目されているテクニックで、介護・看護スタッフに多い腰痛を予防するものです。

●学びに給料

私たちが何かの資格を取得するときは、「授業料を支払う」のが常識となっています。しかし、「授業を受けて給料をもらう」と聞いたら「エッ?」と耳を疑ってしまうかもしれません。デンマークでは、職業教育を受けると給料が支給されるのです。

デンマークでは、職業教育の場合、実習と理論との交互教育方式で雇用主と雇用契約を結んで勉強がはじまります。「社会・保健ヘルパー教育」や「アシスタント教育」の場合は自治体が雇用主になります。どこの自治体と雇用契約を交わすかで多少金額の差がありますが、教育を受けている間は見習い給料で、卒業後は職人給料にかわります。

教育期間の税込みの給料（二〇〇七年四月一日）は、

＊学生・一八歳未満の場合　一カ月六九六四クローネ（約一六万円）
＊学生・一八歳以上の場合　一カ月九〇四五クローネ（約二一万円）
＊成人給料　一カ月一万七二〇三クローネ（約三九万六〇〇〇円）

この成人給料をみると、「ワァすごい！　四〇万近くももらえるの」とおどろかれるかもしれません。しかし、この金額は税込みで、ここから税金がひかれます。給与水準としては、デンマークの失業保険の支給額よりやや高めの金額です。

現在デンマークには、ケアワーカーが七万一八〇〇人いるといわれています。しかし、まだ不足していて今後もっと増加させる必要があります。そこで、教育を受ける人を増やすために「成人給料」のような魅力的な条件を提示して人材を募ろうという苦肉の策です。先に紹介したピアも、この成人給料があるからこそ家庭をもちながら再教育に臨むことが可能となりました。収入の保障がなければなかなか決心をすることができません。ピアの場合、成人給料をもらってもいままでの収入よりかなり落ちたそうですが、その分納税率も下がり、さして影響がないと言っていました。

一方、義務教育後の進路をアカデミックな教育（一般高等学校および工業または商業高等学校）を選んだ生徒は給料ではなく、一八歳から返済義務のない学生援助金（ＳＵ）の支給を受けることができます。これは、親の収入如何にかかわらず若者が自立して教育を受けることができるための制度です。

ＳＵの支給額は教育の種類にもよりますが、親元に住んでいる学生は一カ月二四八九クローネ（五万七〇〇〇円）で、実家以外で生活している場合は一カ月五〇〇〇クローネ（一一万五〇〇〇円）の支給を受けることができます。もちろんＳＵの収入も課税対象です。

このようにデンマークでは職業教育に給料、大学教育では学生補助金が支給され、勉強する側の生活費を保障し、税金を使って人材を養成しています。

数人の学生に「教育を受けるきっかけ」を聞いてみると、「人が好き」「年寄りが好き」という答えが笑顔と共に返ってきました。やはり、これが多様な歴史を背負った高齢者の介護・看護には何よりも大事な出発点のようです。

4章 デンマークの今を築いた人々

「乳母車に兵器をつめて夜中の闇を歩いた」レジスタンス運動家トーベ

一、民主主義を守るために

●レジスタンスの歴史を共有する旅

二〇〇六年の八月のある日、ロスキレ市にある高齢者ケアセンター・ベアナドッテゴーデンの元施設長エミーから、「九月に予定している『ドイツ強制収容所の旅』に一人空きがでたけれど参加する?」と電話がありました。部外者の私に突然の誘いでしたが以前から興味があったので何のためらいもなく「参加させて!」と答えていました。

この旅は、一九四〇年から五年間にわたるドイツ占領時代にレジスタンス(抵抗運動)に参加してドイツ秘密警察ゲシュタポに逮捕され、ドイツの強制労働収容所に送られたデンマーク人の過去を知る旅です。旅は、「レジスタンスと捕虜の会」の会長モーンス・ヘネリックとエミーが、高齢者ケアセンター・ベアナドッテゴーデンの職員の研修旅行として一〇年前から実施していま す。研修の案内人はモーンス・ヘネリックで、参加者は介護・看護スタッフやリーダー職を含め二〇名ほどです。

この研修は、ベアナドッテゴーデンに入居する元捕虜たちをより理解するために企画されたものです。費用は「レジスタンスと捕虜の会」基金が全額負担していますが、どうも今回が最終回になりそうです。それは基金の資金も底をついたのと、同時にモーンス・ヘネリックが高齢になったのが理由です。

旅の日程は二泊三日で、案内役モーンス・ヘネリックが拘留された南ユトランドにあるフヨイヤスレブ捕虜仮収容所(Frøslev)と、後日移されたドイツの強制収容所ノエンガメ（Neuengamme）を訪問します。

当日の出発は朝八時。二泊三日の旅を支える専用バスも到着し、昼食用の食料や飲み物を積み込むとすっかりピクニック気分で、「重苦しい旅」に出かけるような雰囲気は微塵も感じられません。バスはロスキレを出発し、一日目の目的地フヨイヤスレブ捕虜仮収容所をめざして走り出しました。

●戦争がもたらした「強制収容所症候群」

一九四五年五月五日、デンマークは連合軍によりドイツ占領から解放されました。この日、人々は占領の暗黒時代から解放され、自由にあかりをつけられるよろこびを、窓辺にキャンドルを灯して家族と、隣人と、そして国民みなで分かち合いました。

占領時の五年間にレジスタンスや警察官など約六〇〇〇人がゲシュタポに捕まり、捕虜となってドイツの強制労働収容所に送られました。しかし、幸いなことにデンマークは赤十字を通じて捕虜たちにビタミン剤を含む支援物資を送ることが許されていたために、デンマーク人の強制収容所での死亡率は一五%にとどまりました。

強制収容所での過酷な条件のなかを生き長らえた捕虜たちは、祖国に帰還し、それぞれの家族や友人の温もりのなかで捕虜経験をおくびにもださず、普通の生活を始めました。誰もが「話したくない、話しても分かってもらえない」と、過去の記憶をむりやり心の奥底に閉じ込めていました。ところが忘れるどころか彼らの多くは悪夢、フラッシュバック（過去の記憶の映像が瞬間的によみがえること）、不眠症、集中力減退、原因不明の精神苦痛、下痢などの症状に悩まされ、精神病院に入院した人もいます。これは一般的に「強制収容所症候群」と呼ばれていますが、戦後まもない頃はこうした病状に対する危機心理療法などもなく、彼らの病状の原因を知る由もありませんでした。

しかし、次第に捕虜経験者の心のケアの重要性が認知され、「レジスタンスと捕虜の会」が先導して、一九七六年にベアナドッテゴーデンの設立につながっていきました。

センターはナーシングホーム六〇室と高齢者住宅五六戸からなり、部屋の半数をロスキレ市の一般高齢者が利用し、残りの半数は全国に住む元捕虜だった人たちが優先的に入居できるようになっています。一見、デンマークのその他の高齢者介護センターと変わりがないように見えますが、入居者は、「私は乳母車に銃をつめて指定地まで運びました」という女性や「鉄道破壊に参加しました」と、それぞれ熱くまた重苦しい青春時代を過ごした経験の持ち主です。

その時代の彼らの行動は、現在の柔和な表情からはとても想像できません。

プライエムの正面玄関から入って一階の奥に入っていくと、昼間だというのに「スコール！

ベアナドッテゴーデン・プライエムの壁にかかる捕虜のレリーフ

写真手前ベアナドッテゴーデン併設高齢者住宅、後方、ベアナドッテゴーデン・プライエム

（乾杯）」という威勢のよい声が聞こえてくることがあります。それは「ゆがんだ角」という名称のちょっとしたバーから聞こえる声です。「バー」と、いってもカウンターと丸テーブルがあるだけですが、朝から仲間があつまってビールを楽しんでいます。元捕虜経験者は気分の変化をお酒で解決する人が多くいるので、「飲まないように」というより、むしろ場所を提供して「寛容」に対応することを大事にしています。

職員は、一般的な介護・看護の知識のほかに研修に参加したり、講座を受けたりして強制収容所症候群に関しての知識をもっています。モーンス・ヘネリックが案内する「ドイツ強制収容所の旅」もそのひとつですが、こうして入居者たちの歩んできた歴史や生活を理解し、一人ひとりが安心した生活を送れることを念頭に日常の生活のサポートをしています。

●最年少捕虜

モーンス・ヘリックは、長身の体を少し前かがみにしてフヨイヤスレブ捕虜仮収容所の慰霊碑に一歩一歩かみしめるようなおもむきで近づき、碑の前に花束をささげ、しばし沈黙のときをすごしていました。そして目を慰霊碑から私たちに移して「私はこの場所で父と再会しました。私がゲシュタポに捕まり、連行されたときは高等学校二年で一七歳でした。制服姿が目立って、父はすぐに私をみつけたようです」と、政治的な理由ですでにドイツ軍に捕らわれていた父親との再会が、このドイツ国境近くの仮収容所だったことを話しだしました。

「父は私をみつけて『お前もか…』と一言いうのが精一杯のようでした。母も逮捕されてオーフスの拘置所に送られた、と聞かされました」。

その後、親子は同じ収容棟に住むことを許され、妹の安否も知ることができました。ドイツ軍の前線の敗北も続きレジスタンス運動が激化していった一九四四年、両親は逮捕の危機を感じとって二歳年下の妹を事前にオーデンセの親戚に預け、妹は難を逃れました。

記念碑の前に立つモーンス・ヘネリックは、私たちが知っている温厚な顔とはちがう厳しい表情でした。彼はつかの間、私たちの知らない捕虜仮収容所の時代に戻ってしまったのかも知れません。私たちはモーンス・ヘネリックと歴史を共有するために、このフヨイヤスレブ捕虜仮収容所に立ち、六二年前の彼の過去に足を一歩踏み入れたのです。

フヨイヤスレブ捕虜仮収容所はデンマーク国内に設営されたドイツ軍の捕虜仮収容所で、一九四四年八月に最初の捕虜の収容が始まり、モーンス・ヘネリックと一緒にサボタージュをした仲間もそのなかにいました。ドイツ軍はそれまでドイツ強制収容所に送っていたデンマーク捕虜を「送らない」と約束し、ドイツ国境近くの町フヨイヤスレブに収容所を設営しましたが、その約束は後日やぶられることになります。

仮収容所は一五〇〇名の捕虜を収容する予定で設営されましたが、一年後には五五〇〇人もの人が収容され、その内の一六二五人がドイツ強制労働収容所に送られ、二二〇人の捕虜が帰らぬ人となりました。フヨイヤスレブ捕虜仮収容所の慰霊碑は、この人たちのために建てられました。

名前と生年月日を記したボードをさげて

慰霊碑の前にたつモーンス・ヘネリック

仮収容所は約三〇〇人のドイツ軍人が駐屯し、五角形の敷地の各角には見張り台があり二四時間態勢で銃を構えて警備していました。敷地周囲は高い有刺鉄線が張りめぐらされ、地雷が帯状に埋められていました。敷地内の中央には東西南北を監視できる中央監視塔があり、ここから目前に捕虜収容棟のバラックの動きを監視することができます。

「しかし、私たちがここに収容された当初はデンマーク国内だし、食料も十分あってそんなに緊迫した雰囲気でもなかった」と、モーンス・ヘネリックは調理室に保存されていた当時の食料の納品書をなつかしそうにながめて、ドイツ軍が管理する収容所でありながら食事を含め緩和政策がとられていたことを話してくれました。

八月に捕虜の収容が始まって、それから仮収容所での一カ月間は、たいした危機感を感じなかったのですが、九月一一日、背筋がふるえるような事件がおきました。

一人の捕虜がたまたま有刺鉄線の傍を歩いてしまったところ、何の前ぶれもなく見張りに銃撃されて即死する事件がおき、捕虜たちに衝撃をあたえました。モーンス・ヘネリックも「いつ自分の番になるかわからない。大変な現実のなかにいるのだ、と緊張感を覚えた事件でした」と当時を振り返っていました。

●サボタージュの果てに

そもそもモーンス・ヘネリックが一七歳という若さでゲシュタポに逮捕されたのはドイツ軍が進

めていたユトランド半島西海岸沿いの要塞工事を焼き討ちでサボタージュ（妨害）したためです。

その頃、モーンス・ヘネリックは実家から三〇〇キロほど離れたソレロッド市の寮制高等学校で学んでいましたが、レジスタンス運動がさらに頻発して、あちこちでサボタージュ（破壊・妨害などの争議行為）がおきていました。また、BBC放送からは世界大戦が激しさを増して、世界の各地の若者たちが国のために戦っている様子が伝わってきました。モーンス・ヘネリックもじっとしていられません。他の六名の学友と毎日のように集まり「われわれは国のために何ができるのか」を話し合っていました。

モーンス・ヘネリックはデンマークがドイツ軍に占領される一九四〇年まで、ユトランド半島の西海岸にある小さな町で両親と二歳年下の妹と幸せな生活をしていました。父はフォルケ・ホイ・スコーレ（注1）の校長で、母は家事と子育てに専念していました。家族は学校の敷地内にある校長用の宿舎に住み、母親が家にいたのにもかかわらずハウスメイドがいて家事を手伝っていました。当時、女子が家事見習いのために他家で働くのは一般的でした。

両親はデンマークがドイツに占領される以前から政治活動に熱心で、一九三六年に結成された「合同デンマーク党」（注2）の党員として活発に活動していました。デンマークがドイツに占領された当初はまだ、モーンス・ヘネリックは一三歳でデンマークがドイツに占領されている意味など理解することはできませんでしたが、子ども心に「たくさんの人が家に出入りし、なにやら深刻に相談している」と、他の家庭とのちがいをうすうす感じていました。父はつねづね「政治

堅信式（14歳）の記念写真、モーンス・ヘネリック、妹そして両親と

活動は一家に一人で十分」と言っていたので、父に促されてサボタージュの行動に出たわけではありませんでした。しかし、父の思想的な影響は知らず知らずのうちにモーンス・ヘネリックの心の奥に染み込んでいたようです。

モーンス・ヘネリックと学友六名は、ドイツ軍が進めている西海岸要塞工事を妨害する計画をたて、工事現場に火をつけて焼き討ちをかけました。オペレーションは誰にも気づかれずに、こっそり学校にもどることができ、成功したかにみえました。

それから数日後、仲間の一人から「緊急の話がある。ソレロッドの駅にくるように」と電話があり、でかけてみると「ゲシュタポが嗅ぎつけた。地下に隠れろ」と大急ぎで忠告していきました。自転車で寮に帰ろうとすると、二人の銃をもったドイツ兵がモーンス・ヘネリックの前に立ちはだかりました。この日を境にモーンス・ヘネリックと仲間は学生からドイツ軍の捕虜となってしまいました。

（注1） Folkhøjskole　一八四四年牧師・教育者・詩人・政治家グルントヴィ（N.F.S.Grundtvig, 1783―1872）によって創立された全寮制のカルチャースクール。現在全国に八四校あり、数週間から半年コースで文化・教養・スポーツなどを学ぶ。

（注2） Dansk Samling　作家アーナ・ソーレンセン（Mr. Arne Sørensen）によって一九三六年に設立。設立当初は社会主義と自由主義の中間。一九四三年は活発な占領解放運動を繰り広げた。

●捕虜番号六七・〇五〇

私たちは翌朝フヨイヤスレブ捕虜仮収容所を発ち、バスはドイツにむけて南下しました。地続きといえども国境の街フレンスボーを通過すればドイツ語が聞こえ、家並みが変わり、道端の草花さえもちがってみえます。当時一七歳のモーンス・ヘネリックはそのとき、詰め込まれた家畜用貨物のなかで何を考えていたのでしょうか。私は窓から通りすぎる風景を眺めている七九歳になったモーンス・ヘネリックの顔をうかがわずにはいられませんでした。

フヨイヤスレブで捕虜銃殺事件が起きてから数日後、一九四四年九月一五日早朝四時に全員収容所の外に出され、一九七名の名前が呼び出されました。呼ばれた者はその日のうちに移動することを命じられました。しかし、どこに移動するのか場所は告げられません。それがドイツの強制収容所であることは、到着して知ることになります。

ドイツ軍は、フヨイヤスレブ捕虜仮収容所の設営時の約束を破棄して、結局、捕虜を強制収容所に送りはじめました。これはデンマーク国内に大きなショックを与え、デンマーク人の反発は全国的なストライキまでに発展しましたが、ドイツ軍は翌年二月まで七回にわたり、フヨイヤスレブ捕虜仮収容所から約一六〇〇人をドイツ強制収容所に移動させています。

モーンス・ヘネリックは一一月二九日に学友のトーキルを含む一一八名とともにノエンガメ(Neuengamme)強制収容所に送られました。三カ月あまりを過ごしたフヨイヤスレブ捕虜仮収容所を、数枚の黒パンとサラミをもたされて、ほとんど立ちっぱなしの状態で家畜用貨物に詰め込まれての出発でした。

長い、長い旅でした。その貨物の目的地ノエンガメ（Neuengamme）はハンブルグから約二〇キロの場所に位置する北ドイツ最大の強制労働収容所でした。捕虜たちを乗せた貨物列車はたいしたスピードも出ずにカタコトと走って二〇時間はかかったようです。到着後、着てきた衣服を全部脱ぎ、囚人服に着替えさせられ、モーンス・ヘネリックという名前から「捕虜六七・〇五〇」となりました。「番号は長い間忘れていた。ところがある日、ふとドイツ語でいったらスラスラでてきた」と自分の捕虜番号を思いだしたきっかけを話してくれました。到着後、書類にそれぞれの職業を書かされ、それを元に仕事が振り分けられました。モーンス・ヘネリックは、高校生でしかるべき職業についていなかったためにエルベ川の増設に出されました。朝は四時半に起床し、暗いなか、外で整列点呼が行われ、六時からそれぞれの厳しい仕事に従事します。昼休みは一二時で、その後、暗くなるまで働かせられました。ドイツ人の見張りは、捕虜のささやかな行動に目をつけ、言いがかりをつけては罰を与えていました。食糧事情も悪く、ほとんどが水っぽい流動食で体力がどんどん落ちていくのは歴然としていました。

モーンス・ヘネリックは「デンマーク人は赤十字の差し入れがあったので、ずいぶん助かりました」と、仲間同士差し入れを物々交換した思い出を語ってくれました。

捕虜の人数が増えたときは、三段の堅い麦わらベッドの一段に二人から三人がひしめき合って横たわり、夜中のトイレもままならず、上段から流れおちてくることもしばしばでした。毎日平

ドイツ強制労働収容所行きの家畜用貨物

均八〇人くらいの捕虜が亡くなっていました。モーンス・ヘネリックも、死亡者を荷台に集めて焼き場に運ぶ仕事をさせられたこともあります。彼は「人間そういう状況にいると、悲しさも何も感じなくなる」と話しています。

しかし、夜の点呼で学友のトーキルの返答がなかったとき、モーンス・ヘネリックの胸に戦慄が走りました。彼は一一月の末、フヨイヤスレブを出発したときのうすい靴底の靴しかなく、それで河川の仕事に携わっていたのが災いしたのか、病気がちでした。トーキルの死を知ったモーンス・ヘネリックは、「捕虜になってから初めて涙を出して泣きました」と、一一月に一九歳になったばかりの友人の死を悼みました。それは、折しもクリスマスの日の出来事でした。でも、モーンス・ヘネリックは「絶対デンマークに帰れる」と信じていました。

●白いバスの迎え

その年の一月頃、モーンス・ヘネリックはいやな咳が出て、体調のすぐれない日が続いていました。

ノエンガメ強制収容所の生活は、貧しい食事、薄い衣類、寝不足、不衛生、そして重労働と健康に悪いものづくしで、とうとう結核を患ってしまいました。

彼は、体力が衰弱していくなかでもデンマークに帰れる日を信じていました。

一九四五年が明けたころから、スエーデンのベアナドッテ伯爵が赤十字の副総裁として、デンマークおよびノルウェー人捕虜をドイツ強制収容所から釈放するようにドイツとの交渉に臨み、成功させました。

まず、病人からの輸送が始まり、モーンス・ヘネリックは四月九日の最初の病人輸送で救出されました。

迎えのバスは真っ白に塗られ赤十字のマークがはっきりと見えます。白いバスはノエンガメを出て、一二時間の道のりの末にパドボー（Padborg）に到着し、そこから電車で中立国のスエーデンに運ばれました。スエーデン・ストックホルムの郊外の病院で治療をうけ、やっと五月中旬にデンマークの病院に移してもらいました。救出活動は四月二二日が最後でしたが、その日だけでも四二〇〇人がパドボーに運ばれ、全部で一万六〇〇〇人の捕虜の帰国を成功させました。

五月五日、デンマークが連合軍によって事実上解放され、モーンス・ヘネリックの両親も釈放されてユトランドの自宅に帰ることができました。一週間後には息子モーンス・ヘネリックの消息も届き、母は数時間をかけて息子の入院先まで訪ねていきました。母親は六人部屋の一人として入院していた息子を見つけられず、部屋をぐるりと一周して探しました。モーンス・ヘネリックの体重は七〇キロから四〇キロ弱に減って別人のように変わっていたため、母親ですら判別できなかったのです。

モーンス・ヘネリックの戦後は体調をもどすためにサナトリウムでの静養から始まりました。彼がドイツの収容所で発病した結核は、当時まだ高価だったペニシリンが投与されたおかげで日増しに回復していきました。体重を量るのも楽しみで週に五〇〇グラムずつ増え、もとの体格にもどっていきました。

一年間の療養の末、両親のもとにもどりしばらく英気を養ったあと、オーフス（Århus）の技術大学で三年間、電気技師の勉強をしました。

多くの元捕虜たちが、なんらかの形で強制収容所症候群に悩まされるなか、モーンス・ヘネリックは幸いにもほとんどトラウマに悩ませられることなく社会生活に復帰していきました。それには、親子が時代を共有し、再会したその日から苦しかった月日の出来事をきたんなく話し合えたことが大きな救いになりました。

その後モーンス・ヘネリックは、元捕虜という過去を背負いながらも就職、結婚とごく普通の生活を軌道にのせていきました。彼は、一九九四年に定年退職し、現在ロスキレ市の郊外の一軒家に妻と二人で住んでいます。

元捕虜たちのなかでも最年少ということもあり、「レジスタンスと捕虜の会」や、高齢者ケアセンター・ベアナドッテゴーデンの理事会の役員として、歴史を継承する活動の一役を担っています。

ドイツは後日（二〇〇二年頃）モーンス・ヘネリックに四万クローネ（九二万円）の慰謝料を払って謝罪しています。

そして彼は二泊三日の研修旅行を、「私たちは民主主義を守るために戦いました。民主主義は待っていてもらえるものではなく、努力して得るものなのです」と締めくくりました。

●ヨルゲンの安心した老後

ロスキレ市の中心地から少し離れた静かな住宅地に、高齢者介護センター・ベアナドッテゴーデンがあります。センターの名称は、ドイツ・ノエンガメ強制収容所に白いバスでデンマークやノルウェーの捕虜を迎えにいった、スエーデンの伯爵ファルク・ベアナドッテの名前をとったものです。

施設はピラミッド型のガラス屋根をもった四ブロックでなり、一ブロックはデイセンターとサービスエリア、残りの三ブロックはプライエムです。すでに建てられてから三二年もの歳月がたっているというのに、いまでもモダンな雰囲気のある建物です。

プライエムの正面にむかって左側に、ベアナドッテゴーデンに併設されている五六戸の赤レンガ造りの高齢者住宅があります。プライエムは重介護・看護を必要とする人が入居し、ドアを開けるとスタッフがいるという環境で、高齢者住宅は身体的な障害があり、自宅改造が困難な人や社会的に孤立してしまう人に提供される住宅です。ロスキレ市の判定委員会で判定された人が入居できますが、レジスタンス運動やドイツ強制収容所で捕虜になっていた人やその配偶者は優先的に入居することができます。施設長エミーは入居依頼の連絡を受けると、デンマークのどこであろうとインタビューに訪問します。

ヨルゲン・ピーター・ヨルゲンセンは、このベアナドッテゴーデンの高齢者住宅に一九九九年に引越してきました。妻を一九九一年に亡くし、健康に自信がもてなくなって、ベアナドッテゴーデンに入居申請をしたのです。

ヨルゲンも元捕虜として、ドイツ強制収容所の過酷な労働と悪夢のような光景のなかに生きた一人です。

ヨルゲンが住む高齢者住宅は、六〇㎡の広さでバリアフリーの2DKの住宅です。テラスハウス式の住宅で小さな庭つきなので花を育て、夏にはバーベキューを楽しむことができます。「ここでは何の心配もない。職員はみんな親切だし、それに何よりもいいのは、ここには歴史を分かち合える仲間がいる」。

そう言いながら微笑むヨルゲンの瞳は、生き生きと輝いています。愛する母国のためにそれぞれが団結した、若き日々。それは彼にとって、そして大勢の元レジスタンス活動家にとって、今や祖国の歴史を語れる一人としての誇りであり、また自分が生きた証ともなっています。

●愛国心からレジスタンス活動に

一九四三年一二月三日を境に、一九歳の青年ヨルゲンの生活は一変しました。ついに、ドイツ秘密警察（ゲシュタポ）は、その夜、ヨルゲンの自宅のドアをたたき、リビングで両親とくつろいでいた彼をレジスタンス活動の疑いで連行しました。レジスタンス運動がしだいに組織化され

日本からのお客も参加して、バー「危険な曲がり角」で
朝から一本のビールを楽しむヨルゲン（右から二人目）

はじめ、分散的に始まっていた抵抗はやがて国民に抵抗を呼びかける地下新聞を発行するようになりました。一七歳の正義感あふれる少年ヨルゲンも当時、他の多くの少年が参加していたキリスト系少年自主団体のメンバーでした。団体の主旨は、男子の余暇の体育・屋外活動でしたが、時勢により彼らの興味は、「我々若者が祖国をドイツから取り戻すために何ができるか」にありました。

ヨルゲンは、仲間と地下新聞をつくり教育機関や図書館など人の集まる場所に配布する活動を開始し、やがてヨルゲンもドイツ秘密警察ゲシュタポの逮捕の的になりました。彼自身も危険性を十分に知っての行動でした。その夜から彼の戦争が始まり、それが一生癒えることのない心の傷を背負うことになろうとは考えもしませんでした。

逮捕されたヨルゲンは、まず南ユトランドのフヨイヤスレブ捕虜仮収容所に送られました。それから一カ月後、ヨルゲンたちはひとかたまりの黒パンとサラミを持たされ、闇夜のなか小型の「家畜運搬車」に五〇人が詰められてドイツの強制収容所に送られました。底知れぬ不安と喉の渇きに痛めつけられ、「家畜運搬車」の柵が再び開けられたのは、出発してから一四時間あまりを経過してからでした。到着した先はハンブルグ近郊のノエンガメ強制収容所です。両親の温もりのなかで育った青年を待ち受けていたのは飢えと重労働、そしてひとつまちがえば処刑という死の恐怖でした。

一九四四年春、その日、強制収容所内の仕事の代わりに船に乗せられてエルベ川を下りました。

着いた所には、がれきのなかに戦火をのがれた荒廃した小学校があり、その校庭で子どもたちが大きな釜の周りに集まり、食事をもらっていました。春の日ざしのなかに子どもの声が聞こえ、辛い捕虜生活にひさびさに安らぎを覚えました。

翌日、命令された作業は、学校の地下にある死体を外の小さなバラックに運び移すというものでした。死体の頭を壁側に、足をドア側にして黙々と積み上げていきました。

「恐怖感？　そういう立場に置かれると、恐ろしいことに感情をもつ余裕もなくなる、動物と同じさ。ただ、黙々と作業をしていた。終戦後、無事にデンマークに帰還し、元の生活に戻ったけれど、あの作業の光景が常に残映となっていて、何のための作業だったのか、疑問に思って頭から離れたことがなかった」。

ヨルゲンは、それまで両手を組み遠くを見つめるような姿勢でぽつりぽつりと語っていましたが、「その疑問は、戦後五〇年たってやっと解かれた」と、急に声を高めました。それは二年前、彼の手元にドイツの地方紙が送られてきて明らかになりました。そこにあった記事は、「一九四四年四月一〇日に小学校の地下でナチスの軍医により二〇名の子どもが集団殺害された」というものでした。自分が収容所時代に積み上げた死体は、その前日にうれしそうに釜の食料を食べていた子どもたちだったのです。

それを知ったときは、身震いする衝撃でそれから三週間あまり心痛で泣きあかしました。長い間、彼の心の大きな壁となっていた疑問は、ある夜はうなされ、ある夜は悪夢となりヨルゲンを悩ませてきました。しかし、この記事によって悲しい事実として明らかになったわけです。「これでやっと、戦後を迎えることができた」とヨルゲンはつぶやきました。彼は「歴史を風化させないために」最近ようやく捕虜生活の経験を人々に話せるようになりました。

ヨルゲンの顔にはいつも笑顔があり、冗談を言っては大声で笑う姿からはそんな過去を想像することはできません。彼は、ベアナドッテゴーデンを訪問する日本人に笑顔で自宅の高齢者住宅をみせてくれました。

そのヨルゲンは、二〇〇六年一一月、八二歳の人生を終えました。

二、六八年世代の求めた社会

●立ち上がった若者たち

二〇〇七年の日本では「団塊の世代」の定年時期がスタートし、「二〇〇七年問題」として多様な論議が巷を賑わしました。

一方、デンマークでは二〇〇八年に、「六八年世代」と呼ばれる一九六〇年代の若者の蜂起から四〇年ほどが経ち、メディアではこぞって近代史を振り返る動きがありました。

ヨーロッパの一九六〇年代は、ビートルズ、ヒッピー、集団生活、性の解放そしてフラワーパワーなどに象徴されるように、古い価値観に対立し、新しい自由で平等な社会を求める「若者の蜂起」や「学生運動」があちこちでおきました。「六八年世代」とは、デンマークにおいてその運動が一九六八年に頂点に達したことから、その動きに属する人々に名づけられた名称です。彼らは一九六八年当時に一八歳から二五歳だった若者で、二〇〇八年の今、定年を数年後に控えているか、リタイアしたばかりで、まさに日本の「団塊の世代」と「時」を共有している人々です。

若者たちの新しい社会を求めるさざなみは、第二次世界大戦後の社会的・政策的な問題として起きていた原子力問題、ベトナム戦争、資本主義、消費社会に対する若者のリアクションとして、一九六〇年ごろからヨーロッパのみならず世界各国で起き始めました。デンマークでも原発反対運動、環境運動、コペンハーゲン大学での学生紛争、そして男女平等権を訴えた女性運動など、六〇年代、七〇年代は民主主義の熟成にむけた戦いの時代でした。彼らは古い権威体制や管理社会からの脱皮を求め、新しい考え方や新しい社会体制を提案していきました。

当時、「教育現場は社会階級分けがみられ、壇上の先生と生徒の間には精神的な距離があり、先生に対して生徒は行儀よく授業を受けることが当たり前。職場は規律や管理にしばられ、大学は教授に全権限があり、違反者には一六カ月の懲役を強いられた。個人の考えや意見が理不尽に否定され、性別による差別がみられた」という古い社会体制を「人が中心」の社会に変えていきました。彼らは現状の社会体制を黙視して、ただ当時の社会体制の波に乗るのではなく、一人から二人へ、二人から数名に、そして大きな波として団結し、デモンストレーションなどの活動を通して社会に訴えていきました。

そして、この世代の人々が七〇年代、八〇年代、九〇年代のデンマーク社会を動かし、社会形成に一石も二石も投じたといっても過言ではありません。

●大学の民主化

一九六八年三月二一日コペンハーゲン大学の正門があるスチュディオ通りからビートの利いた音楽が鳴り響き、門の壁に赤字で「教授主権の崩壊と学生の参加を今こそ！」と学生の訴えが掲げられていました。学生たちはコペンハーゲン大学の時代に合わない教育環境に大きな不満をもっていました。大学は一九五八年に四七〇〇人だった学生が一〇年後の一九六八年には二万一五〇〇人に増加していましたが、職員数や建物が時代に追いつかず、そのために授業や講義に支障がでていました。また、教授がすべての権限をもち、四角張った古い形の大学運営に不満をいだき、学生の意見をもっと反映できる組織づくりを要求しました。

四月一九日、心理学学科の学生一〇〇人〜一五〇人が心理学研究所を占領し、バリケードをはって授業を妨害し、四月二三日には、五〇〇〇人がデモストレーションに参加する事態に発展しました。これはコペンハーゲン大学が一四七九年に開校されて以来初めて経験する大規模なデモでした。

大学長モーンス・フォーグ（当時六四歳）は、第二次世界大戦中にレジスタンス運動に参加し、戦後初の内閣で大臣を務めた後、古巣の国立大学病院神経科教授として復帰し、一九六六年にコペンハーゲン大学長に任命されました。彼はヒューマニストでもあり、以前から教育現場の権威主義に疑問を抱いていました。フォーグは学生たちと「対立」するのではなく、「対話」を選び、学生たちの要求である「運営に学生参加」を承認し、占領されていた心理学研究所も無傷で大学にもどされました。

フォーグは、大学で起きた大規模な集会でも警察の介入を避ける方法を選びました。警察は学長に混乱した場合の緊急通報を要請していましたが、フォーグはその手段を使うことはありませんでした。

その年の一一月、恒例の「コペンハーゲン大学祭」が開かれました。この大学祭の招待客は学生ではなく、王室を含む上流社会階級の人々で、学生は「階級社会」に対する批判を表すために行動をおこすべく、偽入場券を作り会場に忍び込みました。

そして、心理学の学生フィン・アイナーは、学長のスピーチ壇上をのっとり三分間のスピーチを決行しました。学長はフィンにスピーチを許し、彼は「大学祭が国のエリートだけの参加なのは、この社会が階級社会だからだ」と訴えました。フィンと共に会場に忍び込んだ学生たちは喝采をあげましたが、スピーチ後に学生たちは会場を退出しました。

当時、西ヨーロッパでは約二〇〇〇の大学で学生紛争が起きていますが、他国の学生運動と異なる点は、流血騒ぎも警察との激しい衝突もなく、フォーグは学生たちと共に大学の古い体制を変え、さらなる民主化に貢献しました。

●女たちの戦い

デンマーク人に「レッドストッキングって知っていますか」と聞くと、「アア、あの過激な女性運動のこと?」という反応が返ってきます。その挑発的な行動は世間をおどろかせ、唖然となって首を横にふった市民も多くいましたが、彼女たちの活動に賛成する・しないは別として、今日のデンマーク社会が「世界のなかでも男女平等が進んでいる国」として認知されているのには、彼女たちの活動が大いに貢献しています。

レッドストッキングとは、アメリカから入ったフェミニストグループで、昔から存在するブルーストッキング女性運動に対して、新しいグループという意味合いを込めて「レッドストッキング」として一九七〇年に結成されました。

一九六〇年代に若者だった女性たちは、彼女の母親たちの「良妻賢母」型とちがい、高等教育と自立を求めた世代です。学生紛争が男子学生によって繰り広げられていたことに触発されてか、女子大生が中心となって「レッドストッキング」運動として世のなかに旋風を巻き起こしました。彼女たちのアクションは「男性が女性を『飾り人形』としてみている」と「性差別」に抗議し、女性用の下着を誇張してコペンハーゲン市の目抜き通りをデモンストレーションし、一九七〇年の母の日には男女の賃金差を訴える活動として、一人一・二五クローネのバス代を〇・八〇クローネしか支払わないというアクションをおこし、警官に抱きかかえられてバスから降りたというエピソードは、未だに多くの人の記憶に新しいところです。

デンマークには一八七一年に設立された「女性連盟」という女性運動があり、早い時期から女性の権利を拡張する運動を繰り広げ、すでに世界のなかでもかなり女性の平等権が確立されていましたが、デンマークの女性たちにとってはまだまだ発展途上だったようです。レッドストッキングは、家庭内での男女の役割、職場での平等権を追求し、妊娠中絶の合法化を求め、一九七三年の立法化に貢献しました。

イングリッド・クローグも、レッドストッキングのメンバーとして若き日を送ったひとりです。彼女は二年前（二〇〇六年）に準給与制度を利用して国民学校（公立小中学校）の教員を退職し、現在は「自分のエンジンオイルとして」カルチャーセンターの「シニア英語教室」で週に二日間教え、その他の日は近所に住む孫の相手をして楽しんでいます。

「私の前夫は自分と仕事が一番大事で、家事と子育てには見向きもしなかった。とくに、夫の仕事の関係でシカゴに三年間住んでいたときは最悪だった。本人はジャマイカやあちこちに出張するのに、私はいつも一人で家にこもって一歳と六歳の子どもを相手に生活していた」と、一九七〇年代の数年間は「弾圧された生活」だったといいます。私が「そういう生活が弾圧？」とたずねると、「ほかの国の女性はどうだったか知らないけれど、私は自分の置かれた立場を十分女性への弾圧だと感じていた」と、自分が置き去りの生活に疑問をもつ毎日を送ったというのです。

デンマークに帰国後、一九七四年に離婚して、娘は夫が、息子はイングリッドが引き取り、友人たち数名で一軒家を買ってコレクティブライフ（集団生活）を始めました。このコレクティブライフも六八年世代の産物で、こののちにエコロジー農業生産コレクティブやエコライフコレクティブがスタートしていきますが、当時、イングリッドたちは一一万クローネずつ出資して一軒家を買い、居間を共同にして小部屋をそれぞれのプライベートルームにしました。

コレクティブライフの特徴は、経費を分け、プライベートを守りながら大家族的な生活をすることです。このコレクティブライフと前後して、レッドストッキングに参加していた友人からの誘いで集会に参加したのがレッドストッキング活動の始まりです。

グループの女性たちの投げかける諸問題を話し合ううちに、イングリッドが抱いていた疑問と共通することに気づき、イングリッド自身が目覚め、世界観を大きくしていきました。「私も社会の一員として社会を変えよう」という意識に目覚めたのです。レッドストッキングは毎年コペンハーゲンの中心にある公園で、五万〜六万人を集めて「女性フェスティバル」を開いていましたが、イングリッドも実行委員の一人として活動していました。その時代を振り返って、「実家の母に息子のトーマスを預け、活動に参加して夜遅く母のところに帰り、泊めてもらって翌朝トーマスを学校に送って私も仕事に出かける毎日だったけれど、サイコーにやりがいのある活動だった」と、イングリッドは声を高めて強調していました。

デンマークの政治家のなかには、元レッドストッキングのメンバーだった女性が何名かいます。

Kvindefestival
Tusinder af kvinder, mænd, børn og hunde strømmede i weekenden til kvindefestival, som for tredje år i træk afholdtes i Fælledparken i København. Sang, musik og underholdning samt politiske taler var programmet som de mange mennesker lyttede til i det skønne solskinsvejr.

多くの共感をよんだウーマンフェスティバル

庭で夫ニルスとイングリッド

現在のアナス・フォーグ・ラスムッセン首相政権（右派・中道連立政権）で、福祉・平等権大臣のカーレン・エスパーセンは当時、レッドストッキング活動家であり、一九七〇年のメーデイに労働組合長の街頭演説用に用意されていた壇上をのっとり「男女平等賃金」を訴える行動を起しています。大学卒業後は新聞記者として活躍し、その後、社会民主党に参加して政治活動を始め、社会民主党政権下で内務大臣、一九九三年〜二〇〇〇年の間は社会大臣として活躍している人気の高い政治家です。

イングリッドは庭でコーヒーを飲みながら「私はレッドストッキングでの活動を通して、今のデンマークの社会づくりに貢献したと思う」と誇らしげに話を結んでくれました。

●原発VS代替エネルギー

デンマークに空路で入ってくると、海上に横並びに立ちクルクルと羽根を回している二〇基の風車が目にはいるでしょう。また、デンマーク国内を散策すると、近くにまた遠くにスックと姿勢よく立っている風車が見られます。この白い支柱の近代の風車がデンマークの陸地に建ちはじめてすでに三〇年近くがすぎ、今ではすっかりデンマークの風景の一部としてなじんでいます。デンマークに立つ風車は洋上風車の二一四基を含めて現在五二八七基あり、電力消費の二〇％を発電しています。そして、デンマーク政府の「エネルギー計画二〇二五年」では、現在の容量三〇〇〇MWから六〇〇〇MWに増加させて、電力消費の五〇％を風力で賄いたいとしています。

この風力発電はいまでこそ国家のエネルギー政策の中心的な位置を占めていますが、実は長い年月をかけて国民が「原子力発電」にノーを訴え、「代替エネルギー政策」を求めて勝ち得た結果なのです。

一九七三年のオイルショックは、デンマーク中を闇にしたほど深刻なものでした。一九六〇年頃からの急速な経済成長とエネルギー消費量の増大は、中東からの石油輸入量を拡大させていました。そこにオイルショックの到来です。日本でトイレットペーパーや洗剤の買いだめがニュースになっていたころ、デンマークでは電灯、暖房、温水使用も制限され、日曜日の自家用車使用も禁止されたほどの事態になっていました。

デンマークは早急に石油輸入の依存から脱却し、未来に向けて堅実なエネルギー政策を構築する必要に迫られていました。それを受けて、電力会社ではかねてから研究・調査をしていた「原発」を早急に建設する必要があることを予定地と共に発表しました。同時に隣のスエーデンでは、コペンハーゲンから対岸わずか二〇キロの地点にバーセベック原発がほぼ準備を完了して運転開始を待っていました。こうして、デンマーク国内には、原発推進ムードが漂っていました。

そのとき、電力会社の動向に気づいていた極少数の人々が反原発運動のために動きだし、準備期間七カ月を経て、一九七四年一月三一日にＮＧＯ団体「ＯＯＡ原子力発電情報組織」（注１）を発足させます。このＮＧＯはその後、デンマークのエネルギー政策にもっとも重要な役割を果たすことになります。

ＯＯＡ発足当時、政府側がすっかり原発推進意識にあったなか、ＯＯＡの活動はかなりのスピードで全国に知られるようになり、一三〇カ所の地区委員会を持つまでに成長しました。彼らはデモごとに数万人を集め、対岸二〇キロに建設されたバーセベック原発の閉鎖を叫んで、「何がいらない。バーセベックがいらない」「何がほしい。太陽と風がほしい」と訴え、署名活動も繰り返し行いました。また、小冊子や情報誌を作成し、広く配布して国民に情報を提供しました。政府とＯＯＡは、「原発」対「代替エネルギー」のお互いのシナリオを次々に出し合って正当性を競いました。その結果、一九八二年の意見調査では、六一％の人が原発反対で賛成はたったの二二％でした。

ＯＯＡは、かねてから「原発は一〇〇％安全だとは言い切れない」と、不安をもっていました。そしてついに、一九七九年三月にスリーマイル島の原発炉で放射能が外部に漏れるという「起きてはいけない事故」が起きてしまいました。このニュースはＯＯＡの「反原発運動」に拍車をかけました。数日の呼びかけで二万五〇〇〇人の人がデモ行進を行い、五週間で三一万二〇〇〇人が署名しました。

そして一九八五年、ついにデンマーク議会は「エネルギー政策から原発案を除く」ことを可決し、ここに正式に原子力計画を放棄することが決定されました。ここにいたるまでに、一二年の闘争の積み重ねがありました。

ＯＯＡは、原発予定地の一カ所だったスウマ・スコウ（Sømer Skov）に石碑を置き、歴史を残しました。そこには「熱心な国民の反対がスウマ・スコウに原子力発電所建設を中止させた。一九八五年六月OOA」と刻まれています。

私は二〇〇一年に日本の公共放送の仕事で、元デンマーク首相アンカー・ヨアンセン氏（注2）にインタビューをする機会がありました。彼は当時デンマーク首相としてエネルギー政策の最高責任者であり、その間の経緯を聞くのが目的でした。当時の彼は一〇〇％原発推進派でしたが、議会が原発の放棄を決定するまでの経緯として「私は原発廃棄物を処理できるかという相談にアメリカの大統領を訪問したが、返事は『自国の州の廃棄物処理問題も抱えているのに他国の廃棄物まで受け入れられない』と言われました」と、廃棄物の処理問題が課題のひとつだったことを明かしてくれました。そして、さらに「政治というものは国民がいやがることを進めるものではないでしょう」とも言われました。その言葉が私の胸にドーンと響いたことを覚えています。

（注1）　OOA(Organisationen til Oplysning om Atomkraft　原子力発電情報組織)は組織の目的を達成することができたとして、二〇〇〇年五月三一日をもって二六年間にわたる活動を中止。

（注2）　アンカー・ヨアンセン(Anker Jørgensen)　一九二二年生まれ。一九七二年～一九八七年社会民主党党首、一九七二年～一九七三年および一九七五年～一九八二年デンマーク首相。

「熱心な国民の反対がスウマ・スコウに原子力発電所建設を
中止させた。1985年6月OOA」ときざまれている

元デンマーク首相、アンカー・ヨアンセンのインタビューを終えて（右は筆者）

資料　デンマークの国民年金（Folkepension）制度

●資格と申請

デンマークの国民年金は、税金を財源とする公的年金で、デンマーク国籍および居住歴を満たす者が受ける権利があります。国民年金は、基本的収入を保障するもので、六五歳から受けることができます。国民年金（老齢年金）は、デンマーク国籍を有することが基本ですが、外国籍の者でも一五歳から六五歳の間に最低一〇年間デンマークに居住し、そのうちの五年は、年金受給期直前にデンマークに居住している、という条件が満たされていれば受ける権利があります。

六五歳の誕生を迎える一～二カ月前に、居住市の社会局年金課より申請書類が送付されます。年金課では、まず、本人の年金受給の意思確認をしたうえで資格を満たしている場合に年金給付の手続きがとられます。

●国民年金の支給額

国民年金の満額支給は、デンマークに一五歳から六五歳の間に四〇年間居住していることが条件です。居住年数がこれに満たない場合は、四〇年間に対して何年居住していたかという比率で算出されます。つまり、居住年数が四〇年以下の場合は、年金額は居住年数を四〇年間で割った率で計算されます。たとえば、国民年金対象年齢に達したときに、デンマーク居住歴が二八年間の場合は、二八÷四〇＝七〇％が支給金額となります。

●二〇〇九年度国民年金額

（通貨単位Dkk、為替レート二〇〇八年四月現在dkk1＝二三円）

（1）国民年金の内容は次にとおりです

・国民年金は、基本額と年金付加金にわかれています。
・基本額は、ある一定の労働収入がある場合は調整されます。
・年金付加金の金額は、独身者のほうが結婚・同棲者より多く、労働収入や個人年金預金などの利息、その他の収入がある場合は金額が調整されます。
・暖房、歯医者、薬品、足治療などの経費の援助を申請することができます。また、受給条件を満たせば高齢者チェックなどの個人的付加金を自動的に受けることができます。
・早期年金受給者（旧障害者年金）で国民年金に移行される人は、自治体がそれを必要と判断した場合、従来の生活・介護付加金を受けることができます。

（2）国民年金基本額

・基本額は年間六万三〇四八クローネ（約一四五万円）です。労働収入が大きくなければ全額が支払われます。
・ただし、労働収入が二六万七八〇〇クローネ（約六一六万円）まで。それ以上の場合は、一〇〇クローネ（二三〇〇円）上回る毎に基本額が三〇クローネ（六九〇円）差し引かれます。四七万七九〇〇クローネ（約一〇九九万円）以上の収入になると給付を受ける権利がなくなります。

（3）年金付加金

・年金付加金は、低所得者の経済的な援助を目的として給付されています。
・独身者：年間六万三四六八クローネ（約一四六万円）
・既婚・同棲者：年間二万九六四〇クローネ（約六八万円）
・ただし、年金付加金は国民年金以外の収入や、配偶者・同棲者の収入の金額で調整されます。
・独身者の場合：労働収入が五万九一〇〇クローネ（約一三六万円）まで。それ以上の場合、一〇〇クローネ（二三〇〇円）上回る毎に付加年金が三〇クローネ（六九〇円）差し引かれます。二七万〇六〇〇クローネ（約六二二万円）以上の収入になると給付を受ける権利がなくなります。
・配偶者・同棲者が年金受給者の場合：二人の収入が年間一一万八六〇〇クローネ（約二七三

万円）まで。それ以上の場合、一〇〇クローネ（二三〇〇円）上回る毎に付加年金が一五クローネ（三四五円）差し引かれます。三一万六二〇〇クローネ（約七二七万円）以上の収入になると給付を受ける権利がなくなります。

・配偶者・同棲者が国民年金受給者でない場合：パートナーの収入が一八万五〇〇〇クローネ以下（約四二六万円）の場合、その半分を二人の収入の合計一一万八六〇〇クローネ（約二七三万円）に加算した金額が控除額となります。それ以上の場合、一〇〇クローネ（二三〇〇円）上回る毎に付加年金が三〇クローネ（六九〇円）差し引かれます。二一万七四〇〇クローネ（約五〇〇万円）以上の収入になると給付を受ける権利がなくなります。

（4）個人的付加金

・経済的に苦しい年金受給者は、基本年金と年金付加金のほかに個人的付加金（高齢者小切手）を自治体に申請することができます。また、暖房、薬品、眼鏡などの費用もケースによって審査され支給されます。

・高齢者小切手は最高年間一万〇三〇〇クローネ（約二四万円）支給されますが、一月一日付けで流動資産が六万一八〇〇クローネ（約一四二万円）を越してないことが条件です。

おわりに

私の一年にわたる執筆作業も終盤を迎えた二〇〇八年一一月、手にした新聞から「アンカー・J．プライエムに入居」という見出しが目に飛びこみました。アンカー・J．とはデンマークの元首相で、私が四章二の「原発VS代替エネルギー」で触れたアンカー・ヨアンセン氏です。

記事によると、アンカーが入居したプライエムは彼が長年住み親しんだ労働者住宅地域にあるコペンハーゲン市のプライエムで、大好きな哲学の蔵書と共に入居したそうです。

彼は労働組合出身の政治家で、国民から「アンカー」と親しみをこめてファーストネームで呼ばれ、一九七二年から九年間デンマークの首相を務めました。現在のデンマークの社会福祉は彼の内閣の時代に整備されたもので、彼はそのときに建築されたプライエムで自ら住みごこちを体験することになりました。八六歳になった今、アンカーは足腰が弱くなって歩行器に頼るようになり、階段が日常生活の大きなバリアとなってしまいました。同時に、右目の視力を失ったこともあり、介護付き住宅に移る決心をしたようです。

このエピソードは「最もデンマークらしい」平等社会を表わしていると共に、アンカーの人生がデンマークの他の高齢者と同様に、「自分の人生を自分で決定する」ごく一般的なプロセスであることを示しています。

ここ数年、デンマークは「幸福度世界一（二〇〇五年オランダでの調査）」「世界一幸せな国（二〇〇六年七月英国レイセスター大学調査）」「世界一格差のない国（二〇〇八年ＯＥＣＤ発表）」「高齢になるほど幸福度が増す国（二〇〇八年六月オックスフォード大学・将来の退職者調査）」と立て続けに「世界一」に挙げられています。それはきっと「自分らしく生きることができる国」で、同時に「安心できる社会」があることが要因だと思います。デンマーク人は幼い頃から「個」が尊重され、選択肢を得て「自分の可能性と限界」を知り、「自分で物事を考え決定できる自立した人間」に育っていきます。自分で決定した結果はなにものにも代えられないかけがえのないものです。

今回のテーマを書くにあたり、私はつねに頭の中で「日本の団塊の世代とデンマークの一九六八年世代」という同じ時代を生きた人々が、それぞれの国の社会にいかなる影響を与えてきたかに関心を寄せながら執筆に取り組んできました。

私は日本の子どもが大事な成長期に「塾通い」で忙しく、「父親不在」で育ち、家族で夕食をとるのはわずかな日数だけ、という日本の社会は普通ではない、と常々思っています。もし、今、日本の社会に問題が山積しているとするならば、これまで「仕方ない」という便利な言葉で誰も改善しようとしなかったことの「つけ」かもしれません。

日本は「経済がよくなれば人々の生活が豊かになる」といいます。しかし、デンマークでは「生活が豊かならばいい仕事につながり、経済がよくなる」という考えで社会が改善されてきました。さあ、みなさんはどちらを選ばれますか。

誰かがデンマークを「天国に一番近い国」と表現していました。しかし、デンマークと天国の距離はまだ大きく、たくさんの課題と向き合っています。異文化・異宗教をもった移民や難民の占める数が増加し、現在、移民とその二世の人口は四八万人でデンマーク総人口の八・七％におよんでいます（二〇〇七年デンマーク統計局）。そのなかでも、三〇歳から五〇歳の年齢層の五万人がデンマーク語を話せないために就職できず、生活保護を受けて暮らしています。政府としては、生活保護者から納税者に回ってもらうために、語学学校に通うことを義務付ける方策を検討中のようです。移民二世が起こす社会問題も年々大きくなり、統合問題も複雑化しています。

また、一一月の自由党大会で党首でありデンマーク首相のアナス・フォー・ラスムッセンは、デンマークの今後の政策として「デンマークは化石燃料の利用を脱皮し、さらなる持続可能エネルギー政策を強化する」という「グリーンプラン」を発表しました。

あるとき、「デンマークが成し得た社会づくりがなぜ日本でできないのか」と質問されたことがあります。一口でいえば「ある人がない人に分配する」ことができるかどうかが鍵ではないでしょうか。前述したように、デンマーク社会は「あり過ぎる人も少ないが、少なすぎる人も少ない」社会なのです。

私はこの本を執筆するにあたり、デンマークの高齢者福祉制度の紹介に重点をおくことより、私の身近にいるデンマーク人の考え方や生き方を紹介することを選びました。そのことによって、日本と根本的に異なる考え方が見えてくるのではないかと思います。

本書の刊行にあたり、まず、私の取材に応じてくださった多くのデンマークの友に「貴重な話をありがとう」とお礼をもうしあげます。また、装丁・ブックデザインは弟が担当してくれました。姉弟がひとつの物づくりにコラボレイトすることができ、うれしい限りです。

私は幸いにもフリーダム代表の桐野昌三氏との出会いで、前著『デンマークの子育て・人育ち』とともに、二冊の本を世に出すことができました。本がすき、読書が趣味という人はたくさんいますが、桐野氏のように「印刷され積みあがった本たちがどこにいくのかと考えるとワクワクする」という本に対する情熱をもつ人は少ないと思います。

最後にこの本の主旨に賛同いただき、出版の機会を与えてくださった大月書店編集部長の松原忍氏に深くお礼もうしあげます。お忙しい中、私が送る原稿に対して迅速に、またていねいなフィードバックをしてくださり、心より感謝もうしあげます。ありがとうございました。

二〇〇八年一二月　コペンハーゲンにて　夏代

参考にしたウエブサイト

女性運動　http://www.kvinde.finfo.dk/
フヨイヤスレブ捕虜仮収容所　http://www.graenseforeningen.dk/artikel/3340
OOA　http://www.ooa.dk/
労働環境（移動テクニック）http://www.arbejdsmiljoeweb.dk/Pas_paa_din_krop/Forflytning.aspx
風車　http://www.windpower.org/media(1042,1030)/acnielsen.pdf
デンマーク情報　https://www.borger.dk/Sider/default.aspx
ロスキレ市　http://www.roskildekom.dk/webtop/site.aspx?p=7387
MDRT日本会　http://www.mdrt.jp/
日本政府外務省デンマーク事情　http://www.mofa.go.jp/mofaj/area/denmark/data.html

参考図書

『デンマーク生活支援法』（デンマーク社会省・西澤秀夫訳・ビネバル出版）
Hjemmehjælp Mellem myter og virkelighed,　Jeppe Agger Nielsenog Jørgen Goul Andersen,　Syddansk Universitetsforlag
『デンマークの歴史』（橋本淳編・創元社）
『デンマーク統計表2007』（デンマーク統計局）
llustreret Tidende,　Nr. 9 september 1998,　Fogtdals
『北欧のエネルギーデモクラシー』（飯田哲也・新評論）
『デンマークの子育て・人育ち』（澤渡夏代ブラント・大月書店）
Værd at vide,　Ældre Sagen

『Mor モア　あるデンマーク高齢者の生き方』（小島ブンゴード孝子・ワールドプランニング）
『ヨーロッパの人口事情　デンマークにおける最近の出生率の動向』（Lisbet B. Knudsen・オルボー大学人口学研究室）
『「老人ホーム」を越えて』（松岡洋子・クリエイツかもがわ）

澤渡夏代ブラント

（さわど・なつよ・ぶらんと） 1946年（昭和21年）東京生まれ。

　武蔵野女子学院卒業後、デンマークへ。1969年、デンマーク人ブラントと結婚、2男1女の母。フリーランスの通訳業務を経て、1985年にコーディネーション会社を設立。デンマークの医療・福祉・教育分野の研修および講師、テレビ局・メディアのコーディネーションに従事。日本での執筆および講演活動も行っている。十文字学園女子大学高齢社会生活研究所・客員研究員。主な著書『豊かさを実感できる医療を求めて』（共著・章文館）／『福祉の国からのメッセージ―デンマーク人の生き方』（共著・丸善ブックス）／『デンマークの子育て・人育ち―「人が資源」の福祉社会』（大月書店）

企画協力・フリーダム

デンマークの高齢者が世界一幸せなわけ

2009年 3月19日　第1刷発行
2010年12月 7日　第2刷発行

定価はカバーに表示してあります

◉著者――澤渡夏代ブラント
◉発行者――中川　進
◉発行所――株式会社　大月書店
〒113-0033　東京都文京区本郷2-11-9
電話（代表）03-3813-4651
振替 00130-7-16387・FAX03-3813-4656
http://www.otsukishoten.co.jp/
◉カバー、ブックデザイン　アドリブ（澤渡嘉明）
◉印刷――太平印刷
◉製本――中永製本

ISBN978-4-272-36064-2　C0036